Weltreligionen

Ulrike Peters

WELTRELIGIONEN

THEISS WISSENKOMPAKT

THEISS

Inhalt

Hinduismus

Buddhismus

Anhang

Vorwort

„Gott ist tot." Lange Zeit nahm an, dass dieser Aphorismus von Friedrich Nietzsche in unserer modernen Zeit Wirklichkeit werden und die Religion sich auf dem Rückzug befinden würde. Aber hier irrte Nietzsche: bis heute sind Religionen weltweit in Kultur, Gesellschaft und Politik präsent und prägen bis heute unser Weltbild und unser Handeln. Religion ist seit Beginn der Menschheitsgeschichte ein Bestandteil menschlicher Kultur und wird auch weiterhin eine Zukunft haben. Menschliche Kultur und Weltgeschichte ist ohne die Weltreligionen nicht denkbar. Weltreligionen sind nicht nur ein Teil der Weltgeschichte, sie haben auch Geschichte geschrieben bzw. „gemacht" und beeinflusst. Dabei zeigten sich die Religionen nicht nur als transzendentes, sondern auch als durchaus weltliches Phänomen. Das Judentum breitete sich als erste der Weltreligionen in der antiken Welt aus. Als Mutterreligion des Christentums und Islams prägte das Judentum entscheidend unser heutiges Weltbild, vor allem in Hinblick auf die Ethik. Das Christentum machte eine rasante Karriere von einer jüdischen Sekte zur Staats- und Reichskirche bis hin zur heutigen Weltreligion. Eine ähnlich rasante Entwicklung vollzog der Islam, der sich nach dem Tod Mohammeds 632 n. Chr. schon innerhalb von hundert Jahren von der Arabischen Halbinsel über Syrien bis zum heutigen Pakistan und im Westen bis Spanien ausdehnte. Der Hinduismus gelangte von Indien nach Nepal und Südostasien, der Buddhismus von Indien in die Länder Süd- und Ostasiens sowie Südostasiens. Alle hier dargestellten fünf „Weltreligionen" haben sich über ihr Ursprungsland hinaus teils durch Auswanderung aus dem Heimatland, teils durch friedliche Mission und teils – so vor allem das Christentum und der Islam – durch Eroberungszüge verbreitet und damit die Weltgeschichte geprägt.

Eine Darstellung der Weltreligionen hat folgende (auch für die Gliederung dieses Bandes maßgebende) Aspekte zu berücksichtigen:

- die Geschichte der Religionen als Teil der Weltgeschichte und
- die Lehre, die religiösen Traditionen sowie die Lebenspraxis der einzelnen Religionen.

Die vorliegende Publikation stellt Judentum, Christentum, Islam, Hinduismus und Buddhismus in einem Überblick als „Weltreligionen“ vor. Berechtigterweise hätten auch die Bahai-Religion und der Daoismus ihren Platz in dieser Darstellung haben müssen, da auch diese Religionen weltweit verbreitet sind. Dies war aber angesichts des gebotenen Rahmens nicht möglich.

Zunächst wird jeweils im ersten Teil die Geschichte dieser Religionen als Teil der Weltgeschichte dargestellt, dann im zweiten Teil – als Panorama – die Lehre, religiösen Traditionen und die Lebenspraxis bzw. Kult und Ritus. Vorangestellt zu jedem Kapitel ist das Glaubensbekenntnis und das Symbol der jeweiligen Weltreligion. Das Symbol des Judentums ist der nach König David genannte Davidsstern, schon in der Antike verbreitet, aber erstmals im 14. Jh. in Prag als offizielles Zeichen des Judentums belegt. Symbol des Christentums ist das Kreuz als Zeichen der Kreuzigung Jesu und der Überwindung des Todes, je nach christlicher Konfession unterschiedlich dargestellt. Der Islam ist durch die kalligraphische Darstellung des islamischen Glaubensbekenntnisses symbolisiert. Die Silbe „aum“ ist Symbol des Hinduismus. Sie bezieht sich auf die Gottheiten Brahma, Vishnu und Shiva und ihre Bereiche Schöpfung, Erhaltung und Zerstörung der Welt. Symbol des Buddhismus ist das von Buddha in Gang gesetzte Rad der Lehre, dessen acht Speichen den achtteiligen Pfad zur Erlösung darstellen.

Mein besonderer Dank gilt Dr. Gabriele Reifenrath für Rat und Hilfe, ebenso danke ich Dr. Jeannette Spenlen für hilfreiche Tipps.

Wege zu den Weltreligionen

Was ist Religion?

Beim Thema Weltreligionen stellt sich zunächst die Frage: Was ist überhaupt eine Religion, und was ist eine Weltreligion? Eine allgemein akzeptierte Definition gibt es in beiden Fällen nicht. Schon die etymologische Herleitung des Wortes Religion ist unklar. Es kommen dafür drei lateinische Verben in Frage: *religere* (= eine kultische Pflicht erfüllen), *relegere* (= sorgfältig beachten) oder *religari* (= verbunden sein), die sowohl auf die kultische Praxis als auch auf den Glauben bezogen werden. Bezüglich der Definition von Religion gibt es zwei Tendenzen: Die eine ist die substantielle Auffassung von Religion, die versucht, Wesen und Inhalt der Religion zu erfassen, die andere ist die funktionale Definition, die das Entscheidende der Religion in ihrer Funktion und Leistung sieht. Eine substantielle Definition ist beispielsweise die des Anthropologen E. B. Tylor (1832–1917), der unter Religion „belief in spiritual beings" (= Glaube an geistige Wesen) verstand bzw. im weiteren Sinne den Glauben an übernatürliche Mächte. Diese Linie führte der Religionswissenschaftler Gustav Mensching mit seiner klassischen Aussage „Religion ist erlebnishafte Begegnung mit dem Heiligen und antwortendes Handeln des vom Heiligen bestimmten Menschen" (1959) fort.

Die heutigen überwiegend funktionalen Definitionen dagegen betonen vor allem die soziale Funktion von Religion, nämlich dass Religion die Gesellschaft, ihre Institutionen und Werte stabilisiert und legitimiert und soziale Identität stiftet. Daneben wird auch darauf verwiesen, dass Religion hilft, Krisen zu bewältigen und in Krisen Sinn stiften kann. Die Religion gibt dabei auf die existentiellen Fragen nach der Existenz des Menschen eine Antwort, wie „Wer bin ich?", „Woher kom-

St. Maria und Clemens, romanische Doppelkirche in Bonn-Schwarzrheindorf.

me ich?“ oder „Wohin gehe ich?“ sowie auf die Fragen nach Krankheit, Leiden und vor allem Tod.

In der Welt der Religionen unterscheidet man zwischen Weltreligionen auf der einen Seite und den Stammesreligionen auf der anderen Seite. Die Stammesreligionen werden auch als Naturreligionen, traditionelle, ethnische, primitive, autochthone, indigene oder archaische Religionen bezeichnet. Im Unterschied zu den Weltreligionen steht bei den Stammesreligionen die Idee der Gemeinschaft und Einheit mit der eigenen Gruppe bzw. Ethnie im Vordergrund. Daraus ergibt sich zum einen die Zugehörigkeit zur Stammesreligion aufgrund der Geburt in die Stammesgemeinschaft, zum anderen die Beschränkung der Religion auf die eigene Ethnie. Ausgangssituation in den Stammesreligionen ist eine Situation des Heils, das in der Stammesgemeinschaft gegeben ist. Eine Unheilsituation entsteht, wenn die Einheit mit dieser Gemeinschaft gestört ist. Daher gilt es in den Stammesreligionen, den bestehenden Heilszustand zu erhalten.

Ausgangspunkt der Weltreligionen hingegen ist eine Situation des Unheils, der mit einem Heils- bzw. Erlösungsangebot begegnet wird. Ziel ist es, die Unheilsituation zu überwinden und Heil und Erlösung zu erlangen. Das Heilsangebot der Weltreligionen ist universal und gilt für jeden, ist also nicht auf eine bestimmte Ethnie beschränkt – daher bezeichnet man die Weltreligionen auch als Universalreligionen. Eine gewisse Ausnahme bilden dabei Judentum und Hinduismus, wo die Geburt in die Religionsgemeinschaft und damit die kulturelle bzw. ethnische Gruppenzugehörigkeit eine mehr oder weniger bedeutende Rolle spielen.

Eine allgemein akzeptierte Definition von Weltreligion gibt es nicht, entsprechend schwankt auch ihre Zahl. Im engsten Sinne zählen Buddhismus, Christentum und Islam zu den Weltreligionen. Am häufigsten findet sich die klassische Aufzählung der fünf Weltreligionen Buddhismus, Hinduismus, Judentum, Christentum und Islam. Heute ergänzt man diese oft noch durch Bahai und Daoismus.

Auch wenn eine allgemeingültige Definition fehlt, gibt es doch gewisse Kriterien für die Einordnung einer Religion als Weltreligion: der universale Anspruch auf die Gültigkeit der Heilsbotschaft und die praktische Umsetzung, d. h. die Verkündigung dieser Botschaft, die entsprechend große Anzahl der Mitglieder, die entsprechend weite geographische Ausbreitung sowie das Alter. Diese Kriterien treffen auf jeden Fall auf die Religionen des Buddhismus, des Christentums und Islams zu. Beim Hinduismus und Judentum fehlt das Kriterium des universalen Anspruches. Der Hinduismus ist aber nach Christentum und Islam von der Anhängerzahl her die drittgrößte Religion. Für das Judentum als Weltreligion spricht die weltweite Verbreitung schon in der antiken Welt (Mittelmeerraum, Afrika, China, Indien). In Bezug auf das Alter sind Hinduismus und Judentum als die ältesten Weltreligionen anzusehen.

Auch der Daoismus und die Bahai-Religion gehören insofern zu den Weltreligionen, als dass bei ihnen das Kriterium des universalen Anspruchs und der geographischen Ausbreitung zutrifft, bei beiden ist allerdings die Anzahl der Anhänger weniger groß.

Bei näherer Betrachtung der hier dargestellten Weltreligionen fallen Gemeinsamkeiten zwischen Judentum, Christentum und Islam auf der einen und den asiatischen Religionen des Hinduismus und Buddhismus auf der anderen Seite auf. So sind z. B. Judentum, Christentum und Islam monotheistische Religionen mit dem Glauben an einen Gott und „Buchreligionen", d. h. Religionen, in deren Mittelpunkt ein Buch (Bibel, Koran) als Offenbarung Gottes steht. Ferner stellt sich die Frage, warum die asiatischen Religionen wie Hinduismus und Buddhismus offener und toleranter gegenüber anderen Glaubens- und Weltanschauungen erscheinen als Judentum, Christentum und Islam. Zur Beantwortung dieser Frage ist die idealtypische Einteilung der Weltreligionen in die monotheistischen (früher auch als „prophetisch" bezeichneten) Religionen Judentum, Christentum und Islam und die nicht monotheistischen, mehr mystisch geprägten Religionen des Hinduismus und Buddhismus heranzuziehen, die z. B. Gustav Mensching oder in neuerer

Zeit Jan Assmann vorgenommen haben. Danach sind die monotheistischen Religionen gekennzeichnet durch die Vorstellung eines einzigen, personalen Gottes, eines Gottes des Willens und der Tat sowie die Berufung bzw. das In-Dienst-Gestelltwerden durch diesen Gott – oft gegen den eigenen Willen. Weitere Merkmale sind Frömmigkeit, Aktivität und der Glaube an den einen Gott, der alle anderen Gottheiten ausschließt. Dementsprechend zeigen die monotheistischen Religionen eine Tendenz zur Intoleranz, sind aber anderseits sozial und altruistisch, da sie auf die Gemeinschaft und auf den Mitmenschen bezogen sind. Damit erklärt sich auch die Mission als Wunsch, andere am Heil, das man selbst erfahren hat, teilhaben zu lassen und sie deshalb vom Heilsangebot zu überzeugen.

Die Religionen des Hinduismus und Buddhismus haben keinen so starken Absolutheitsanspruch. Fremde Gottheiten werden nicht unbedingt ausgeschlossen, da man sie als verschiedene Erscheinungen der eigenen Gottheiten bzw. des einen Göttlichen ansieht. Da Hinduismus und Buddhismus durch mystische Züge gekennzeichnet sind, findet sich auch die Vorstellung von dem impersonalen Einen, einem ruhenden Sein als das Göttliche (und nicht als Gott). Weitere Charakteristika der mystischen Religionen sind Individualität und Passivität. Mystik ist dementsprechend asozial, denn der Mystiker bevorzugt den individualistischen, passiven Weg des Einsiedlers zur Gotteserfahrung. So sind mystische Religionen vom Ansatz her auch keine missionierenden Religionen. Die diesseitige Welt wird abgelehnt und als eine Fessel und ein Hindernis im Kontakt mit dem Göttlichen angesehen. Wie erwähnt, ist dies „nur" eine idealtypische Einteilung, in der Praxis gibt es dementsprechend Ausnahmen. So gibt es mystische Bewe-

Buddha mit der Geste der Verkündigung der Lehre.

gungen auch in den monotheistischen Religionen, aber – wie z. B. in Christentum und Islam – eher als Rand- und Ausnahmeerscheinung.

Religion in der Moderne: Zwischen Tradition und Anpassung

Die Geschichte der Weltreligionen ist immer durch das Problem der Wahrung der Tradition einerseits und Neuschöpfung bzw. Anpassung an die jeweilige Zeit anderseits geprägt – dies gilt insbesondere für die heutige Zeit der multikulturellen und pluralen Welt. *Tradition* (lat. = Weitergabe, Überlieferung; bezogen auf Schrift, Lehre und/oder Kult) ist kein statisches, sondern ein dynamisches Phänomen. Ein Beispiel dafür ist die Spannung zwischen Juden- und Heidenchristen in der christlichen Urgemeinde, die sich schließlich nach außen für die „Heiden" bzw. die nichtjüdische antike Welt öffnete. Dadurch entwickelte sich das Christentum von einer jüdischen Sekte zu einer eigenen Religion. Illustriert wird dies anschaulich durch die Erzählung von der Taufe des Heiden Kornelius (Apg 10,2348): Petrus predigt im Hause des Kornelius und durchbricht dabei die jüdische Tradition des Reinheitsgebots bzw. des Verbotes des Verkehrs mit Nichtjuden und verändert damit die Tradition dahingehend, dass nun die christliche Gemeinschaft und Taufe für Nichtjuden ebenfalls möglich sind.

Deutlich wird das Problem von Tradition und Wandel vor allem bei den sogenannten Buchreligionen – Judentum, Christentum und Islam. Hier stellt sich das Problem der Auslegung der als Offenbarung Gottes und als unveränderlich geltenden heiligen Schriften (Bibel, Koran). Diese heiligen Schriften wurden zu einer bestimmten Zeit niedergeschrieben und spiegeln die Vorstellungen von Moral und Frömmigkeit ihrer Entstehungszeit und des kulturellen Kontextes wieder. Das führt zu Schwierigkeiten und sogar Widersprüchen der Auslegung in späteren Zeiten. So waren den Autoren z. B. bioethische Probleme wie Gentechnik unbekannt. Auch die Stellung der Frau hat sich im Laufe der Zeit in der Gesellschaft gewandelt, was aber in allen Weltreligionen kaum oder nur sukzessive berücksichtigt wird. Im Kapitel Islam wird darauf beispielhaft ausführlicher eingegangen. Die Schriftauslegung steht folglich immer vor dem Problem der Bewahrung einerseits und der Anpassung und der damit verbundenen aktuellen Auslegung andererseits.

Eine Lösung des Problems ist z. B., dass man von einem mehrfachen Schriftsinn ausgeht, eine andere Antwort ist die wortwörtliche Auslegung im Fundamentalismus.

Entsprechend sind auch Religionen keine statischen Phänomene, sondern unterliegen ständig Veränderungen und Entwicklungen – nicht zuletzt, weil sich ihr zeitlicher und kultureller Kontext ändert. Zu den Lebensgesetzen einer Weltreligion gehört es nach Mensching, dass sie verschiedene Stadien durchläuft: Vom Stadium der charismatischen Anfangszeit mit der engen Verbindung zwischen Religionsstifter und Jüngergemeinde über das Stadium der Dogmatisierung und Konfessionalisierung mit der sich bildenden Lehrtradition und dem Stadium der Organisierung, in dem die Glaubenserfahrung durch eine Institution mit Funktionären wie z. B. die Kirche vermittelt wird, bis hin zum Stadium der Reformation mit dem Ziel der Erneuerung im Sinne der Rückkehr zu den charismatischen Anfängen der Urgemeinde.

Seit der Aufklärung und der darauf folgenden Säkularisierung sind die Weltreligionen – zunächst in Europa und den USA – stärker als früher mit den Problemen der modernen Zeit konfrontiert. Die Aufklärung war die im 18. Jh. von England ausgehende geistesgeschichtliche Bewegung und Richtung, die eine auf Vernunft, Freiheit und Natürlichkeit basierende Gesellschaft zum Ziel hatte. Sämtliche Phänomene sollten rational und innerweltlich erklärt werden. Bis zur Zeit der Aufklärung bildete die Religion den geistigen Hintergrund für die politische Gemeinschaft, und die Verbindung von Religion und Politik war entsprechend eng. Nach der Aufklärung entstanden die säkularen Nationalstaaten mit der – mehr oder weniger starken – Trennung von Staat und Kirche.

Die Religionen des Islams, des Hinduismus und Buddhismus haben zwar nicht direkt die Auseinandersetzung mit der Aufklärung vollzogen, wohl sind aber Nachwirkungen und Folgen der westlichen Aufklärung festzustellen. Nach den Kontakten mit der westlichen Kultur während der Kolonialzeit im 18. und 19. Jh. sind im Islam, im Hinduismus und Buddhismus neue Elemente festzustellen, nämlich die Ablehnung eines säkularen Staates nach westlichem Vorbild. Mit der Religion verbanden sich nun eine national-ethnische Identität bzw. national-politische Ideen, sodass man von einem „politischen" Islam, Hinduismus oder Buddhismus spricht. Aber auch im Judentum und Christentum wurde und wird die Religion politisiert, wenn es gilt, nationale Identität und Interessen zu erreichen. Der Fundamentalismus und der Miss-

Die Bibel als heilige und kanonische, unveränderbare Schrift.

brauch religiöser Traditionen zu politischen Zwecken ist die extremste Form davon.

Die Säkularisierung und der religiöse sowie kulturelle Pluralismus der Moderne stellen für jede der Weltreligionen eine Herausforderung dar, auf die es unterschiedliche Möglichkeiten der Reaktion gibt:

- Ignorieren bzw. Ablehnung einer Auseinandersetzung mit der Moderne und entsprechend die Fortführung der Mitgliedschaft einer Religionsgemeinschaft in orthodoxer, konservativer oder liberaler Form
- Fundamentalismus bzw. die Rückbesinnung auf die Grundlagen der Tradition einer Religion und strikte Ablehnung der Moderne
- Dialog mit den anderen Religionen und Kulturen
- Synkretismus und neue Religionsformen als Zeichen der Offenheit für andere Religionen

Fundamentalismus, Dialog und neue synkretistische Religionsformen sind typische Möglichkeiten der Reaktion auf die Moderne, die sich in allen Weltreligionen finden lassen. Im Folgenden wird kurz auf diese Möglichkeiten eingegangen.

Fundamentalismus – die moderne Form von Religion?

Eine allgemeine, einheitlich akzeptierte Definition von Fundamentalismus gibt es bislang nicht, aber folgende Merkmale sind kennzeichnend: Der Fundamentalismus versteht sich explizit als eine Rückbesinnung auf die religiöse Tradition nach dem Motto „back to the roots". Diese – sehr selektiv verstandene – Tradition wird radikal, notfalls mit Gewalt, gegen die als Krise und Bedrohung erfahrene Säkularisierung und Moderne verteidigt. Daraus ergeben sich folgende Kennzeichen des Fundamentalismus: Die religiöse Tradition gilt als unveränderliche Größe in einem geschlossenen, umfassenden Weltbild. Die Geschichte wird heilsgeschichtlich bzw. eschatologisch (endzeitlich) gedeutet, wobei die Vergangenheit und die Zukunft positiv, die Gegenwart als Abfall vom Glauben und von den sittlichen Werten gesehen wird. Der Fundamentalismus hat ein explizites Missions- und Sendungsbewusstsein, verbunden mit einem radikalen Kampf für Gott und für die „Botschaft" Gottes, d. h. für die religiöse Wahrheit und gegen den religiösen Irrtum. Dementsprechend besteht ein Universalanspruch bezüglich der eigenen religiösen Botschaft und Ziele, verbunden mit einem Elitebewusstsein und der Abgrenzung der eigenen Gruppe nach außen. Häufig ist der Fundamentalismus mit politischen Aspekten und Zielen verbunden. Der Fundamentalismus bietet einer Gemeinschaft Identität und Einheit nicht nur in religiöser, sondern auch in politisch-nationaler Hinsicht. Religiös-fundamentalistische Vorstellungen bieten dabei die Basis oder auch nur ein Argument für politisches Handeln.

Tendenzen, die wir heute als fundamentalistisch einordnen würden, gab es immer im Laufe der Religionsgeschichte. Aber der Fundamentalismus als religionsgeschichtliches Phänomen ist eine in unserer Zeit entstandene, moderne Erscheinung, eine Antwort und Reaktion auf die Säkularisierung und Moderne, die als Krise erfahren und abgelehnt wird. Keine Religion ist per se fundamentalistisch, aber in jeder der Weltreligionen gibt es fundamentalistische Tendenzen.

Der Begriff Fundamentalismus war ursprünglich die Selbstbezeichnung einer christlichen Bewegung, die im 19. Jh. in den USA entstand und sich vor allem auf die wörtliche Auslegung der Heiligen Schrift als Wort Gottes beruft und sich gegen Modernismus wie Säkularisierung, besonders auch den Darwinismus, wendet. ■

Gewalt als Mittel zur Durchsetzung der eigenen Ziele ist ein Kennzeichen des Fundamentalismus.

Der interreligiöse Dialog ist die Begegnung und das Gespräch zwischen Vertretern verschiedener Religionen. Erstmals in der Geschichte fand eine solche Begegnung von Repräsentanten der Weltreligionen 1893 beim Ersten Parlament der Weltreligionen (First Parliament of World's Religions) in Chicago statt. Ziel war der friedliche Dialog der Religionen. Erst hundert Jahre später, 1993, fand ein zweites Parlament der Weltreligionen statt, wiederum in Chicago. Es wurde 1999 in Kapstadt, 2004 in Barcelona und 2009 in Melbourne fortgesetzt.

Im engeren Sinne meint interreligiöser Dialog den in Europa und den USA in der evangelischen und katholischen Kirche etablierten Dialog zwischen Christentum und Judentum einerseits und Christentum und Islam andererseits. Ziel und Zweck dieses interreligiösen Dialoges ist – nach der durch Intoleranz, Verfolgung und Kriegen belasteten Geschichte – eine bessere Kenntnis der jeweils anderen Religion durch Aufarbeitung der Vergangenheit, ein besseres Verständnis bzw. Toleranz und Sensibilisierung für die Anliegen und Belange des Dialogpartners, Abbau von Vorurteilen und ein daraus resultierendes besseres und friedliches Zusammenleben der Religionen in der Gesellschaft.

Eine weitere Möglichkeit der Reaktion auf die Pluralität der modernen Zeit ist der Synkretismus. *Synkretismus* (griech. = Vermischung) bezeichnet die Aufnahme fremder Elemente anderer Religionen in die eigene Religion oder die Verschmelzung unterschiedlicher religiöser Glaubensanschauungen und -systeme und kultischer Praktiken zu einer neuen Religionsform bzw. Religion. Synkretismus hat es von Anfang an in der Religionsgeschichte gegeben, schon die Religion des alten Israel z. B. nahm Elemente der Religionen ihrer Umwelt auf. In der heutigen Welt der Pluralität und Multikulturalität ist die direkte Begegnung der verschiedenen Religionen in einem viel stärkeren Maß gegeben als in der Vergangenheit. Als Folge des Kontaktes mit der westlichen Kultur während der Kolonialzeit nahm z. B. der Reformhinduismus Einflüsse des Christentums auf und lehnte infolgedessen die Bilderverehrung, das Kastensystem, die Kinderheirat oder die Witwenverbrennung ab. Im japanischen Buddhismus entstanden neobuddhistische Sonderformen, die unter dem Begriff *Shinshukyo* („neue Religionen") zusammengefasst werden und die sowohl christliche wie auch hinduistische Einflüsse aufnahmen wie z. B. die Kyoto-Schule, Sokai Gakkai, Rissho Kosei Kai oder Reiyukai. Für das Christentum entstand mit der Esoterik als moderne Religionsform bzw. Spiritualität eine Konkurrenz und Al-

„Was die Welt im Innersten zusammenhält" – Religion gibt Antwort auf existentielle Fragen des Menschen und prägt daher bis heute menschliche Kultur und Geschichte. Holzschnitt von Nikolas Flammarion, 1842–1925, der vor allen in der Esoterik beliebt ist.

ternative, die offen für die Aufnahme von Elementen fremder Religionen und Kulturen und daher so erfolgreich ist.

Hat die Religion eine Zukunft? Gerade das Beispiel der Esoterik in der westlichen Welt zeigt, dass bis heute – trotz Abwendung von der offiziellen Religion – nach wie vor ein Bedürfnis nach Religion besteht. Denn Religion gibt Antwort auf existentiell unlösbare Fragen und hilft somit, Krisen sozialer oder politischer Art vor allem aber auch Leiden, Krankheit oder Tod zu bewältigen. Dadurch gibt Religion dem menschlichen Leben Sinn und einen Orientierungsrahmen. Deshalb ist Religion, seit es Menschen gibt, ein prägender Teil menschlicher Kultur im Laufe der Geschichte gewesen, der bis heute das Denken, die Weltanschauung und das Handeln der Menschheit bestimmt.

Judentum

„Höre, Israel, der Herr unser Gott, der Herr ist einzig. Darum sollst du den Herrn, deinen Gott, lieben mit ganzem Herzen, mit ganzer Seele und mit ganzer Kraft.“ (Dtn 6,4f)

Das Judentum ist die älteste monotheistische Religion und diejenige Weltreligion, auf die das Christentum und der Islam zurückgehen und die damit sowohl unsere heutige westlich-europäische als auch die islamische Kultur beeinflusst hat. Das Judentum hat im Vergleich zu den anderen Weltreligionen mit ca. 15 Millionen (0,22 Prozent) die geringste Anhängerzahl, war aber als erste Weltreligion „weltweit“ verbreitet: Schon in der Antike gab es jüdische Gemeinden im Mittelmeerraum, in Afrika, China und Indien. Das Judentum hat seine Wurzeln in der Religion des alten Israel, dessen Geschichte im sogenannten Alten Testament der Bibel beschrieben wird. Mit Beginn des babylonischen Exils (586–538 v. Chr.) spricht man vom Judentum.

Geschichte

Was ist Judentum?

Diese Frage ist schwierig und wird unterschiedlich beantwortet. Das Judentum ist in erster Linie als Religion zu sehen, sekundär auch als kulturelle Einheit und z. T. als ethnische Gruppe. Dies alles zusammen trifft nur für die Gettos im Mittelalter und heute nur für einige orthodoxe, relative isoliert lebende Gemeinden in den USA und in Israel zu. In der biblischen Zeit ist das Judentum weitgehend eine ethnische und religiöse Einheit. Ein erstes Auseinanderbrechen dieser Einheit in der jüdischen Identität ist nach dem babylonischen Exil und verstärkt in der antiken, hellenistischen Zeit festzustellen, als die Juden teilweise in der Diaspora als Minderheit lebten. Bis heute gilt weitgehend die halachische (religionsgesetzliche) Definition des Judentums, d. h. Jude ist man durch Geburt von einer jüdischen Mutter oder durch den rituellen Übertritt zum Judentum. Allerdings wird über die Umsetzung in die Praxis kontrovers diskutiert. In der Konsequenz heißt das, man wird üblicherweise in das Judentum hineingeboren: Das „Judentum" umfasst für einen gläubigen Juden das ganze Leben, es wird nicht zwischen religiös und profan getrennt: Das ganze Alltagsleben bis hin zu Kleidung, Essen etc. wird von der Religion bestimmt und ist somit religiös. Das richtige Handeln und Tun steht im Judentum im Vordergrund, weniger die „richtige" Glaubenslehre. Daher wäre bezüglich des Judentums eher von Ortho*praxie* als von Ortho*doxie* zu sprechen.

Das Alte Israel – Von Abraham bis zum babylonischen Exil

Israel (hebr. = Gottesstreiter) ist zunächst der Beiname des Patriarchen Jakob, den dieser nach einem Kampf mit Gott erhält (Gen 32,28) und der dann zur Bezeichnung des Volkes und des Landes Israel in biblischer Zeit wird. „Israel" ist aber auch als theologischer Begriff für das heutige Judentum als religiöse Größe bzw. „Volk Gottes" gebräuchlich und nicht zuletzt der Name des heutigen Staates Israel.

Die Geschichte des alten Israel wird im Alten Testament der Bibel erzählt, allerdings nicht im Sinne heutiger historischer Geschichtsschreibung, sondern verstanden als Heilsgeschichte, als Heilshandeln Gottes an Israel. Am Anfang der Religion des alten Israel stehen die Offenbarungen des als El und dann als Jahwe bezeichneten Gottes an die Erzväter Abraham, Isaak und Jakob. Umstritten ist, ob und inwiefern diese Erzväter als historisch einzustufen sind. Geht man davon aus, dass sie historisch sind, wären die Patriarchen zeitlich in die zweite Hälfte des 2. Jahrtausends v. Chr. und kulturell den Westsemiten zuzuordnen. Abraham, im Alten Testament als „wandernder Aramäer" (Dtn 26,5) bezeichnet, wird in Kanaan, im Gebiet des heutigen Israel, sesshaft. Dem Bericht der Genesis zufolge hatte Abrahams Enkel Jakob zwölf Söhne. Sie werden zu den Stammvätern der zwölf Stämme Israels, und ein Teil von ihnen gelangt als Sklaven nach Ägypten. Später wird Mose zum Führer der versklavten Israeliten, der sie aus Ägypten heraus in das „gelobte" Land Kanaan bzw. das spätere Israel führt (siehe Buch „Exodus").

Geleitet wird Mose von Gott, der sich ihm während der Wüstenwanderung mehrmals als Jahwe (dessen Name in der jüdischen Religion nicht ausgesprochen wird) offenbart und ihm auf dem Berg Sinai die Tora übergibt, bildlich als Tafel mit den zehn Geboten (Dekalog) dargestellt. Der Dekalog als Grundlage der Tora wird zum grundlegenden Moralkodex, der auch maßgeblich das Christentum und den Islam beeinflusst. Auf der vierzigjährigen Wanderung durch die Wüste ist die Bundeslade das „mobile“ Heiligtum, das auf der Wanderung mitgeführt wird.

Mose verkündet die zehn Gebote, Misrachtafel um 1900, Öl auf Leinwand, Judaika-Sammlung Max Berger Wien.

Wohl Ende des 12. Jh. v. Chr. erfolgt dann die sogenannte Landnahme Kanaans unter Josua. Dort wird Israel einerseits von den Religionen der Umwelt beeinflusst, grenzt sich aber andererseits auch von diesen ab. Israel wird zunächst von Richtern regiert, deren Aufgaben vor allem die Heerführung und die Rechtsprechung sind. Sowohl die Zeit der Richter als die darauf folgende Zeit der Könige sind durch Kämpfe und Auseinandersetzungen Israels mit den Nachbarvölkern gekennzeichnet, zu denen z. B. die Moab, Midianiter, Ammoniter oder Philister gehören. Mit Saul (um 1020 v. Chr.) beginnt die sogenannte Zeit der Könige. Um 1000 v. Chr. erlangt David nach seinem Sieg über die Philister die Königsherrschaft über die Stämme des Nordens und Südens, d. h. über Juda und Israel. Jerusalem wird die Hauptstadt seines Reiches. Sein Sohn Salomo (970–928 v. Chr.) folgt ihm als König und vollendet den Bau des ersten Tempels in Jerusalem. Nach seinem Tod kommt es zum Streit um die Nachfolge, woraufhin das Königreich zerfällt: in ein Südreich Juda mit Jerusalem als Hauptstadt und in ein Nordreich Israel mit der Hauptstadt Tirza (später Samaria) sowie den Kultstätten Dan und Bet-El. Die Königszeit ist auch die Zeit der alttestamentlichen Propheten, die Missstände anprangern.

Um 722 v. Chr. wird das Nordreich Israel von den Assyrern erobert und verschwindet von der Bühne der Geschichte. Das Südreich Juda bestimmt von nun an den weiteren geschichtlichen Verlauf, daher auch die spätere Bezeichnung Juden bzw. Judentum. Dem nationalen Selbstverständnis nach repräsentierte Juda von nun an alle zwölf Stämme Israels. Im Jahr 587 v. Chr. wird das Südreich Juda durch die Babylonier unter König Nebukadnezar erobert, der Tempel in Jerusalem wird zerstört und ein Teil der Bevölkerung ins Exil nach Babylon verschleppt. Unter dem persischen König Kyros können die Deportierten aus dem Exil zurückkehren, den zweiten Tempel in Jerusalem erbauen und im Jahr 515 v. Chr. einweihen. Damit beginnt die Zeit des Frühjudentums, man spricht ab jetzt von Juden bzw. Judentum. Schon im babylonischen Exil bildeten sich – in Abgrenzung von der babylonischen Umwelt – die Merkmale heraus, die das Judentum bis heute kennzeichnen: ein strenger Monotheismus, die Tora (und damit verbunden die Entwicklung zur „Buchreligion"), Reinheitsvorschriften sowie die Beschneidung und Sabbatruhe als Zeichen des Bundes mit Gott.

Die beiden Königreiche: Das Südreich Juda und das Nordreich Israel in der Zeit von 928–722 v. Chr.

Das Frühjudentum – Vom Wiederaufbau bis zur Zerstörung des Tempels

Die erste Phase des Judentums ist die Phase des Frühjudentums (538 v. Chr.–70 n. Chr.). Sie beginnt mit der Rückkehr aus dem babylonischen Exil nach Juda und der Erbauung des zweiten Tempels und endet mit der Zerstörung des Tempels durch die Römer um 70 n. Chr. Das Frühjudentum ist durch die persische, hellenistische und römische Herrschaft geprägt. Unter Nehemia und Esra (5. Jh. v. Chr.) erfolgte eine Kultreform, Juda wird Tempelstaatprovinz unter einem Hohenpriester und einem Gremium aus Priestern und Adligen. Nach Alexander dem Großen herrschen die Dynastien der Ptolomäer und der Seleukiden. Teile der gesellschaftlichen Oberschicht einschließlich des Hohenpriesters waren in der Anpassung an die nichtjüdische Umwelt sehr offen, während konservative und apokalyptische Kreise eine Anpassung ablehnten. Unter der Herrschaft des Seleukiden Antiochus IV. wird die jüdische Religion verfolgt und der Jerusalemer Tempel entweiht, indem dort ein Altar für den Gott Zeus Olympios errichtet wird. Dagegen formiert sich unter Judas Makkabäus der jüdische Widerstand. Er führt zum Aufstand der Makkabäer (168–164 v. Chr.) und wird zunächst von der Gruppe der *Chassidim* (hebr. = Fromme) unterstützt. 164 v. Chr. endet der Makkabäeraufstand, der Tempel in Jerusalem kann wieder eingeweiht und der Tempelkult wieder aufgenommen werden. Jonatan Makkabäus, der Bruder von Judas Makkabäus, wird Hohepriester, d. h. der höchste Priester und der Repräsentant der Juden nach außen. In der Folgezeit (ab 104/103 v. Chr.) verbindet sich unter den Makkabäern das Hohepriester- und Königsamt in einer Person. 63 v. Chr. beginnt mit der Eroberung Jerusalems unter Pompeius die römische Herrschaft, Palästina wird römische Provinz. Gegen die römische Herrschaft und die der Makkabäer – vor allem gegen deren Personalunion von Hohenpriester- und Königsamt – formiert sich die Kritik von verschiedenen religiösen Gruppierungen. Im Vordergrund stehen dabei:

- die Sadduzäer, die Partei der priesterlich-aristokratischen Oberschicht
- die Pharisäer mit einer gemäßigten, mittleren Position und die als einzige Partei ihre Fortsetzung im Judentum durch die späteren Rabbinen fanden
- diverse Gruppen mit endzeitlich-apokalyptischen Vorstellungen und radikaler Tora-Frömmigkeit (z. B. Qumran) und

Der Tempel in Jerusalem wurde 70 n. Chr. zerstört, auf seinen Mauern steht heute die Al-Aqsa-Moschee, auch Felsendom genannt, die Westmauer des Tempels ist heute noch erhalten und jüdische Gebetsstätte.

- radikale politisch-religiöse Gruppierungen (Zeloten, Sikarier), die durch bewaffnete Aufstände die Heilszeit herbeiführen wollen.

Die Pharisäer und Sadduzäer sind – im Unterschied zu den anderen Gruppen – im *Sanhedrin* (hebr. = Hoher Rat), in der obersten religiösen, politischen und gerichtlichen Instanz der jüdischen Selbstverwaltung, vertreten. In dieser Krisenzeit entsteht auch das Christentum als zunächst jüdische „Sekte". Jüdische Aufstände gegen die römische Herrschaft führen letztlich zur Zerstörung des Jerusalemer Tempels durch Titus im Jahr 70 n. Chr.

Rabbinisches Judentum – Der Beginn der Diaspora

Mit der Zerstörung des Tempels in Jerusalem endet die Phase des Frühjudentums und beginnt die Zeit des rabbinischen Judentums (70 n. Chr.–Anfang 7. Jh.). Benannt und geprägt wurde diese Phase durch die Rabbinen (Singular *Rabbi* = mein Meister, mein Lehrer – nicht zu verwechseln mit der späteren Amtsbezeichnung „Rabbiner"). Die Rabbinen sind die Gelehrten, die die Tora, d. h. die jüdische Lehre und die Gebote, so wie sie vor allem in den ersten fünf Büchern Mose zusammengefasst sind, in einer neuen Zeit aktualisierten und verbindlich auslegten. Die Rabbinen verfassten den Talmud als Kommentar zur Tora. Kennzeichnend für die Geschichte des Judentums seit der Zerstörung des Tempels in Jerusalem 70 n. Chr. ist das Leben in der Diaspora (= Zerstreuung), d. h. das Leben als Minderheit in einer mehrheitlich vor allem christlich oder später auch islamisch geprägten Umwelt. Immer wieder kam es zu Verfolgungen und Vertreibungen. Nach der Zerstörung des Tempels fehlte dem Judentum der religiöse Mittelpunkt: Viele religiöse Gebote waren auf den Tempel hin konzipiert. Dies machte nun eine Neuorientierung in der Diaspora notwendig sowie eine neue, an diese Zeit angepasste, Auslegung der Tora. Diese erfolgte, wie erwähnt, durch den von den Rabbinen verfassten Talmud. Die Synagoge war nun der Mittelpunkt des Gemeindelebens. Das rabbinische Judentum wurde für das Judentum bis heute maßgeblich prägend.

Der Beginn des rabbinischen Judentums, d. h. die Wende vom 1. zum 2. Jh., ist zunächst aufgrund der Tempelzerstörung von messianischen Erwartungen des nahen Weltendes geprägt. Dies hatte diverse Aufstände der Juden gegen die römische Herrschaft zur Folge, so in Alexandria und vor allem den Aufstand des Bar Kochba von 132 bis 135 n. Chr. Trotz anfänglicher Erfolge war dem Bar-Kochba-Aufstand kein Sieg beschieden. Aufgrund der Zerstörungen war nicht mehr Jerusalem, sondern Galiläa das Zentrum des Judentums in Palästina. Dort wurde ein neuer Sanhedrin bzw. eine jüdische Selbstverwaltung gegründet, dessen Führung ein Patriarch übernahm. Dieses Patriarchat bestand bis ins 5. Jh. n. Chr. In Babylonien, wo seit dem babylonischen Exil im 6. Jh. v. Chr. Juden siedelten, gab es einen Exilarchen als Führer des dortigen Judentums bis in die islamische Zeit. Bedeutung erlangte das babylonische Judentum durch seine Akademien in Nehardea, Sura und Pumbedita, deren Leiter den Titel Gaon trugen.

Das jüdische Mittelalter

Das jüdische Mittelalter beginnt mit dem 7. Jh. und endet mit der jüdischen Emanzipation im 17./18. Jh. In der Zeit des mittelalterlichen Judentums zerfiel die Einheit des Judentums, es bildeten sich das durch Spanien beeinflusste sefardische (orientalische) und das aschkenasische (mittel- und osteuropäische) Judentum heraus.

Nach der arabischen Eroberung Spaniens im 8. Jh. wurde Spanien im sogenannten „goldenen Zeitalter" 711–1146 zu einem Zentrum jüdischer Gelehrsamkeit, wo sich z. B. die Kabbala, die jüdische Mystik, entwickelte. Juden, Christen und Muslime lebten in einer toleranten Atmosphäre zusammen, und das Judentum war offen vor allem für die arabische Kultur und beschäftigte sich nach arabischem Vorbild nicht nur mit Religion, sondern auch mit Naturwissenschaften, Philosophie und Kunst. Als einer der bekanntesten Theologen dieser Zeit ist Mose ben Maimon (1135–1204), Maimonides genannt, aus Córdoba zu nennen, der auch als Arzt und Richter tätig war und dessen Theologie stark von der Philosophie des Aristoteles beeinflusst ist. Sein Werk „Führer der Verwirrten" ist eine Zusammenfassung jüdischer Theologie. Dieses goldene Zeitalter fand sein Ende mit den Verfolgungen während der muslimischen Almohadenherrschaft (ab 1146). Ein Teil der Juden wanderte nach Nordafrika aus, ein Teil siedelte in den christlichen Teil Spaniens über, ehe die Lage sich mit Beginn der sogenannten Reconquista, der „Rückeroberung" Spaniens durch die Christen verschlechterte. Schon 1391 kam es zu Verfolgungen und Zwangstaufen der Juden. Im Zuge dieser Reconquista wurden ab 1492 unter der Herrschaft von Ferdinand und Isabela la Católica die Juden ganz aus Spanien vertrieben oder zur christlichen Taufe gezwungen. Nicht wenige der so zwangsgetauften Juden hielten aber heimlich an der jüdischen Religion fest. Diese Juden nannte man Marranen. 1478 wurde deshalb die Inquisition in Spanien eingeführt, die sich nicht gegen die Juden als solche wandte, sondern gegen die vom Glauben abgefallenen, d. h. zum Judentum zurückgekehrten Christen, eben die Marranen.

Maimonides,
Denkmal in Córdoba.

Durch die Einwanderung der aus Spanien vertriebenen Juden entstan-

Die Synagoge von Prag, Beispiel einer mittelalterlichen Synagoge.

den zunächst in Italien und Nordafrika, dann im Reich der Osmanen (Griechenland, Türkei und Palästina) und in den Niederlanden (vor allem Amsterdam) sowie in Hamburg und Dänemark sefardische Gemeinden. Als serfardisches Judentum bezeichnet man das von der spanisch-orientalischen Kultur geprägte, orientalische Judentum – im Unterschied zum aschkenasischen, von der europäischen Kultur geprägten Judentum in Mittel- und Osteuropa. Sefardisches und aschkenasisches Judentum unterscheiden sich bis heute durch ihren unterschiedlichen kulturellen Kontext, den der orientalischen und der westlich-abendländischen Kultur. Den kulturellen Schwerpunkt des Judentums bildeten bis 1500 n. Chr. die Sefarden, danach die Aschkenasen in Osteuropa. Blütezeit des aschkenasischen Judentums in Polen-Litauen war das 16. Jh.. Ab dem 19. Jh. kam es zur Auswanderung vieler osteuropäischer Juden nach Mittel- und Westeuropa und in die USA.

Die Geschichte des Judentums ist von ständigen Verfolgungen und Pogromen geprägt. Auch die Kreuzzüge (1096–1291) mit dem Ziel, das Heilige Land von der Herrschaft der Ungläubigen zu befreien, führten zu Judenpogromen (s. S. 62f.). Vor allem der Beginn des ersten Kreuzzuges 1096 bedeutete das Ende vieler jüdischer Gemeinden, so z. B. in Speyer, Worms, Mainz und Köln. Um 1300 wurden die Juden aus England und Frankreich vertrieben, 1492 aus Spanien, 1497 aus Portugal und im 15. Jh. aus Deutschland.

Die Juden des Mittelalters bewohnten eigene Stadtviertel mit eigener Infrastruktur, die ihnen vor allem auch ein rituell *koscheres* (= rituell reines) Leben (Lebensmittel, Bad etc.) garantierte. Diese Absonderung war einerseits von der Umwelt verordnet – so wurden nach dem Basler Konzil

1434 erstmals Ghettos eingerichtet. Andererseits entsprach es aber auch dem jüdischen Bedürfnis der Abgrenzung, um so die eigene Tradition zu wahren. Schon 1215 führte das 4. Laterankonzil eine besondere Kleidung für Juden zwecks Unterscheidung von den Christen ein, in Deutschland der spitze Hut, später auch der gelbe Fleck und Ring auf der Kleidung.

Wirtschaftlich erlangten Juden im Pfandleih- bzw. Zinsgeschäft eine Monopolstellung. Christen war das Pfandleih- und Zinsgeschäft untereinander verboten, sodass man dies den Juden überließ. Als einer der wenigen Bereiche, in denen Juden ihren Beruf ausüben durften, wurde das Geldleihgeschäft bald zu einer wichtigen wirtschaftlichen Grundlage des jüdischen Lebens – und später zum Hauptvorwurf des Antisemitismus. Vor allem in der Zeit des Absolutismus fungierten die sogenannten Hofjuden als Finanziers der Fürsten, indem sie deren Geschäfte vorfinanzierten. Diese kleine Gruppe der Hofjuden war wirtschaftlich und rechtlich gut gestellt und passte sich an die Umgebung an, sodass man von einem ersten Schritt in Richtung der Emanzipation sprechen kann. Die Mehrheit der Juden aber führte ein ärmliches und rechtlich ungesichertes Leben.

Das moderne Judentum – Von der Aufklärung bis zur Gegenwart

Mit der Aufklärung im 19. Jh. beginnt die Phase des modernen Judentums. Sie ist zunächst durch die Aufklärung, die Assimilation (Anpassung) und Emanzipation (Gleichstellung) der Juden in Westeuropa einerseits, anderseits durch die Orthodoxie und den Chassidismus in Osteuropa gekennzeichnet und schließlich durch die Auseinandersetzung mit dem immer stärker werdenden Antisemitismus.

Die Aufklärung in Europa führte auch im Judentum zu – letztlich erfolglosen – Versuchen, innerhalb des Judentums die Aufklärung zu verbreiten, vor allem hinsichtlich der Bildung (jüdische Schulbildung etc.). Das Ziel war es, die Kultur des Judentums und die der Umwelt zu verbinden und gleichzeitig zu fördern, wie z. B. Hebräisch und die entsprechende Landessprache. Im Zuge der Aufklärung entwickelten sich auch Bestrebungen der Gleichstellung der Juden als Staatsbürger (bei gleichzeitiger Religionsfreiheit), die sogenannte Emanzipation. Beeinflusst durch die Französische Revolution wurde in Europa nach und nach bis Ende des 19 Jh. die Gleichstellung der Juden eingeführt. Baruch Spinoza (1632–1677) und Moses Mendelsohn (1729–1786) gelten als die pro-

Antijudaismus und Antisemitismus

Antisemitismus bezeichnet allgemein die Judenfeindschaft, im engeren Sinn ist es aber die rassistisch begründete Judenfeindschaft, wobei die Juden fälschlicherweise in einem pseudowissenschaftlichen Verständnis als „Rasse" angesehen und verfolgt werden. Dem gegenüber ist festzustellen: Zum einen ist „Rasse" ein taxonomischer, d. h. ein klassifizierender und somit subjektiver Begriff, zum anderen sind die Juden in erster Linie eine religiöse und keine ethnische Gemeinschaft – auch wenn nicht selten nicht nur von der Umwelt her, sondern auch bei den Juden ein ethnisches Selbstverständnis eine Rolle spielt. Dem Antisemitismus vorausgegangen war eine jahrhundertelange religiös motivierte Judenfeindschaft der christlichen Kirche, der sogenannte Antijudaismus, die bereits im frühen Christentum in Auseinandersetzung mit und in Abgrenzung von der jüdischen Religion begann.

Schon in der Antike war vor allem der Glaube an einen einzigen Gott, der nicht bildlich dargestellt wurde, ein Hauptmotiv für antijüdische Einstellungen, ferner aber auch die Beschneidung und Einhaltung des Sabbats. Auch im frühen Christentum war von Anfang an ein Antijudaismus präsent, der seine Ursache nicht zuletzt darin hatte, dass man das Judentum als Konkurrenz empfand und sich von der jüdischen Gemeinde abgrenzen wollte. Als Motive des christlichen Antijudaismus wird vor allem angeführt, dass die Juden prinzipiell schlecht und sündig seien (so schon im Barnabasbrief um 130 n. Chr.) und dass die Juden Schuld am Tode Jesu Christi hätten – das sogenannte Motiv des „Gottesmordes", das bis in die Neuzeit auftaucht. Im Mittelalter kamen drei weitere Vorwürfe gegen die Juden hinzu, mit denen diese buchstäblich verteufelt und verfolgt wurden: dass die Juden Ritualmorde an christlichen Kindern begingen, dass sie Hostien schändeten und dass sie Brunnen vergifteten und somit für die Pest verantwortlich seien. Ikonographisch bzw. bild-

Judensau, ein mittelalterliches Motiv, das die Nazis wieder aufgriffen, Darstellung an der Kirche von Wittenberg.

lich fand der Antijudaismus seinen Ausdruck in den Darstellungen der Synagoge als Frau mit verbundenen Augen (als Symbol der Verstocktheit der Juden) oder in der Darstellung der sogenannten „Judensau", einer Sau als Symbol des Teufels, an deren Zitzen Juden saugen.

Im Zuge der national-völkischen Bewegungen in Europa im 19. Jh. verstärkte sich der Antisemitismus und verband sich mit pseudowissenschaftlichen Rassetheorien, die sich auf den Darwinismus beriefen. Vertreter der national-völkischen Bewegungen waren es, die Adolf Hitler die Ideen lieferten. Hitlers Machtergreifung 1933 und die nationalsozialistische Herrschaft in Deutschland bedeuteten für die Juden eine in der Geschichte des Judentums bisher einmalige Katastrophe in unvorstellbaren Ausmaßen, nämlich die Ermordung von sechs Millionen (!) Juden. Deshalb ist der Begriff *Shoah* (hebr. = Vernichtung) zutreffender als die geläufige Bezeichnung *Holocaust* (von griech. = ganzes Brandopfer).

Schritt für Schritt wurde die von den Nationalsozialisten geplante „Endlösung" (wie sie es nannten) in die Tat umgesetzt: Die Nürnberger Rassengesetze von 1935 legten gesetzlich fest, wer als Jude und wer als „Arier" bzw. „Deutscher" zu gelten hatte. Es folgten das deutschlandweite Pogrom am 9.11.1939 (im nationalsozialistischen Jargon „Reichskristallnacht"), bei der die Juden öffentlich verfolgt wurden. Auf der Wannsee-Konferenz 1942 wurde schließlich der Beschluss zur Vernichtung der Juden gefasst. Der Völkermord wurde dann in die Tat umgesetzt mit der Verhaftung und Deportation der Juden in die Vernichtungslager bzw. Konzentrationslager in Osteuropa, wie z. B. Auschwitz, Treblinka, Theresienstadt, Madjanek, Belcec. Sobibor, oder Bronnaja Gora, die mit Massenvergasungsanlagen und Krematorien ausgestattet waren. Auch heute ist der Antisemitismus noch nach wie vor unterschwellig oder offen präsent. ■

Die Synagoge als verstockt und entmachtet, Darstellung am Portal der Liebfrauenkirche in Trier.

minentesten ersten Vertreter der Emanzipation. Die Gleichstellung bedeutete aber letztlich nur, dass sich die Juden als Individuen der Umwelt anpassten – und damit vom Judentum abwandten – und keine Gleichstellung des Judentums mit dem Christentum. Juden war die Ausübung bestimmter Berufe, z. B. als Beamte oder im militärischen Bereich, nach wie vor nicht erlaubt. Heinrich Heine (1797–1856) brachte es auf den Punkt mit seinem Ausspruch, dass für die Juden allein die christliche Taufe das „Entreebillett in die europäische Kultur" bedeute.

In europäischen Ländern verstärkte sich der Antisemitismus im 19. Jh. zunehmend. Gründe dafür waren die wirtschaftlichen Krisen, die Krise der nationalen Identität, die Krise des Liberalismus und die von den Liberalen unterstützte Emanzipation der Juden, der verstärkte Zuzug von Juden aus Osteuropa sowie der Emanzipation und der damit verbundenen Angst vor einer „jüdischen" Konkurrenz.

Als Reaktion auf den immer stärker anwachsenden Antisemitismus gewann der Zionismus seit dem 19. Jh. zunehmend an Bedeutung. Zionismus bezeichnet allgemein die immer wieder im Laufe der Geschichte vorkommenden religiös-politischen, eschatologischen, d. h. endzeitlich orientierten, Bewegungen im Judentum, deren Ziel das „heilige Land" Israel als religiöse und heilsgeschichtliche Größe war. Vor allem im 19. und Anfang des 20. Jh. gab es in Osteuropa mehrere solcher Bewegungen, wie z. B. *Chibbat Zion* (hebr. = Zionsliebhaber), die auch eine Besiedlung Palästinas anstrebten – als Antwort auf den Antisemitismus und vor allem auf die Pogrome in Russland. 1882 kam es zu einer ersten Einwanderungswelle (*Alija*) von 3000 russischen und rumänischen Juden nach Israel. Nach weiteren Pogromen in Russland folgte zwischen 1904 und 1914 die zweite Einwanderung von ca. 40.000 Juden nach Palästina. Moses Hess (1812–1875), der auch Marx und Engels beeinflusste, war der erste, der in seinem Buch „Rom und Jerusalem" (1862) einen Zionismus als national-politisches Programm für die Juden vertrat. Populär wurde der Zionismus aber erst durch Theodor Herzl (1860–1904) und seinem Buch „Der Judenstaat" (1896). Ihm ist die Gründung der Zionistischen Weltbewegung und Weltorganisation beim Ersten Zionistischen Weltkongress 1897 in Basel zu verdanken, die einen eigenen „Judenstaat" zum Ziel hatte und letztlich zur Gründung des Staates Israel führte. Herzl, ein assimilierter Jude, plante aufgrund des wachsenden Antisemitismus einen eigenen Staat für die Juden. Seine Beweggründe waren primär politisch, für die Anhänger seiner Bewegung, vor allem die osteuropäischen Juden, waren aber religiöse Gründe ausschlaggebend. So plante Herzl den Judenstaat zunächst in Uganda, für seine Anhänger kam aber nur das „heilige“ Land Israel in Frage. Während der nationalsozialistischen Herrschaft bot die Auswanderung nach Palästina eine Möglichkeit, der Judenverfolgung zu entgehen und war so eine Notwendigkeit des Überlebens. Die britische Kolonialmacht verbot aber bald den Juden die Einreise nach Palästina, selbst nach Kriegsende durften die überlebenden Juden nicht nach Palästina übersiedeln. Mit der Gründung des Staates Israel 1948 wurde Israel zum Bezugspunkt für viele Juden.

Theodor Herzl (1860–1904), der als Gründer der Zionistischen Bewegung gilt.

Die von Herzl gegründete zionistische Bewegung ist nicht fundamentalistisch. Allerdings gibt es auch im Judentum Gruppen, die einen zionistischen Fundamentalismus vertreten, wie z. B. die 1973 gegründeten *Gush-Emmunim* (hebr. = Block der Gläubigen), die eine militante Siedlungspolitik verfolgen, ultraorthodoxe Gruppen, wie z. B. die Lubawitscher Chassidim, die ein Königreich Gottes im Lande Israel in den biblischen Grenzen anstreben, oder die Agudat Israel, die in der Regierungszeit Menachem Begins (1977–1983) eine Verschärfung des Religionsgesetzes durchführten. Zum anderen gibt es aber auch ultraorthodoxe Gruppen, die einen antizionistischen Fundamentalismus vertreten, wie z. B. Satmarer Chassidim oder Naturej Qarta. Diese lehnen den Staat Israel ab, da ihrer Ansicht nach dadurch das Kommen des Messias verhindert werde und dies ein Abfall von Gott und Tora sei.

Panorama: Lehre, religiöse Traditionen und Lebenspraxis

Die Lehre: Gott, Volk Israel und die Tora

Das Judentum war immer und ist bis heute durch eine große Vielfältigkeit geprägt, nicht zuletzt, weil eine zentrale Lehrautorität fehlt. Heute bestimmen vor allem drei Richtungen das Judentum: orthodox, konservativ und reformiert.

Das entscheidende Merkmal des Judentums ist der Monotheismus, der Glaube an einen einzigen Gott. Dieser Monotheismus ist auch die zentrale Aussage des jüdischen Glaubensbekenntnisses, dem *Schema* (hebr. = „Höre“), benannt nach dem ersten Wort, mit dem es beginnt: „Höre, Israel, der Herr unser Gott, der Herr ist einzig. Darum sollst du den Herrn, deinen Gott, lieben mit ganzem Herzen, mit ganzer Seele und mit ganzer Kraft“ (Dtn 6,4f). Das Schema gehört zum Morgen- und Abendgebet eines gläubigen Juden. Mit dem Monotheismus ist auch das Verbot verbunden, Gott abzubilden (Ex 20,4-6) verbunden. Daher finden sich in der Regel in der Synagoge auch keine Abbildungen. Allerdings gab es schon seit der Antike Ausnahmen von dieser Regel, sodass man in manchen Synagogen biblische Szenen dargestellt findet.

Basis der jüdischen Theologie ist die Tora. Die *Tora* (hebr. = Lehre, Weisung, fälschlicherweise auch als „Gesetz“ übersetzt) gilt als die Zusammenfassung der jüdischen Lehre und Gebote. Tora im engeren Sinne meint die fünf Bücher Mose im Alten Testament (Genesis, Exodus, Levitikus, Numeri, Deuteronomium), im weiteren Sinne die gesamte hebräische Bibel (*Tenak*) und schließlich den gesamten Textkorpus des traditionellen jüdischen Gesetzes (*Halacha*). Die Tora enthält unter anderen den – auch für das Christentum maßgebenden – Dekalog: Die zehn Gebote, die Mose dem Alten Testament zufolge auf dem Berg Sinai von Gott offenbart wurden. Seit der rabbinischen Zeit wird unterschieden zwischen der schriftlichen Tora, d. h. den fünf Büchern Mose, und der mündlichen Tora, d. h. der Auslegung und Aktualisierung der schriftlichen Tora durch die Rabbinen, wie sie in den Schriften wie Talmud, Midrasch etc. erfolgte. Auch die mündliche Tora soll Moses auf dem Sinai offenbart worden sein. Die Erfüllung der Tora wird nicht als Gesetzesrigorismus verstanden, sondern als Gabe und Gnadenerweis Gottes.

Die Annahme der Tora und die Verpflichtung zur Erfüllung der Tora begründet die Vorstellung von der Auserwählung der Juden als Volk Gottes – nicht in einem chauvinistischen Sinne, sondern im Sinne eines universalen Heilsangebots. Im rabbinischen Judentum wird die Erwählung damit begründet, dass Gott die Tora allen Völkern angeboten habe, damit sie befolgt werde. Aber nur Israel habe sich bereit erklärt, sie anzunehmen. Israel wird dabei als Repräsentant der ganzen Menschheit angesehen.

Torarolle auf Pergament geschrieben und auf zwei Stäben aufgerollt.

Nicht nur Israel als Volk Gottes, sondern auch das Land Israel war seit jeher eine zentrale religiöse Größe jüdischer Theologie. In der Religion Israels und im Frühjudentum war der Tempel in Jerusalem der Mittelpunkt der Religion bzw. des Kultes. Nach der Zerstörung des Tempels 70 n. Chr. und dem Beginn des Lebens in der Diaspora blieb die Hoffnung auf den Wiederaufbau des Tempels in Jerusalem in messianischer Zeit bis heute lebendig und damit verbunden auch die Hoffnung auf die Rückkehr der Juden nach Israel. Durch die Erfahrung des Antisemitismus als Krise im 19. Jh. wurde die Idee der Rückkehr nach Israel verstärkt. Es entstanden verstärkt zionistische Gruppen und schließlich die von Theodor Herzl gegründete zionistische Bewegung, die die Rückkehr der Juden nach Israel in die Tat umsetzten

Kennzeichnend für das Judentum ist der Glaube an die Auferstehung der Toten, der auch Einfluss auf Christentum und Islam hatte. Dabei gibt es im Einzelnen unterschiedliche Vorstellungen, was die Weiterexistenz nach dem Tode betrifft: entweder die Weiterexistenz in der Einheit von Körper und Seele, so die orthodoxe Vorstellung, oder die der Seele allein, so die liberal-jüdische Vorstellung. Gemeinsam ist auch der Glaube an eine End- bzw. Heilszeit, verbunden mit der Vorstellung der Belohnung oder Bestrafung der menschlichen Taten durch Gott. Mit der Endzeit ebenfalls verbunden ist die Vorstellung eines *Messias* (aram. = Gesalbter, gemeint ist der gesalbte König) und einer messianischen Zeit. Die Messiasvorstellung hat vor allem im Christentum nachgewirkt (der Titel „Christus" ist die genaue griechische Entsprechung zum aramäischen Messias) und auch auf die Gestalt des Imams und Mahdis im Islam. Bereits im alten Israel entwickelte sich die Idee des Messias, im

Alten Testament bezieht sie sich jedoch rein politisch auf die Erwartung eines Königs aus dem Hause Davids bzw. auf eine lange Regierungszeit seiner Dynastie. Später verschiebt sich der Akzent zu einer mehr religiös-eschatologischen Bedeutung: Der Messias gilt nun als der Gerechte, der in der Zukunft bzw. Endzeit über ein durch Freiheit und Frieden gekennzeichnetes Reich herrscht. Im Frühjudentum und in der Zeit Jesu ist die Messiasvorstellung und -erwartung sehr vielfältig (z. B. Apokalyptik, Qumran, Zeloten) und spielte auch in der Politik eine wichtige Rolle (so bei den Aufständen gegen Rom). Die bisher letzte bedeutende akute Messiaserwartung und -bewegung in der jüdischen Geschichte verband sich in der Kabbala mit der Person des Schabetaj Zwi im Jahre 1666. Nach wie vor ist die Erwartung des Messias ein Teil der jüdischen Vorstellung von der Endzeit.

Die Propheten – die Verkünder der Tora

Die Propheten (von griech. *prophanai* = verkünden, vorhersagen) sind ein wichtiges Kennzeichen der Religion des alten Israels, sodass sie auch als „prophetische Religion“ bezeichnet wurde. Für das spätere, vor allem für das rabbinische Judentum, ist Mose der größte und der erste aller Propheten. Nach jüdischer Ansicht ist die wichtigste Funktion der Propheten, die Tora zu verkünden und richtig zu deuten.

Die Propheten sind religiöse Mittler zwischen Mensch und Gott, die die von Gott empfangene Offenbarung verkünden und deuten. Die Propheten erfahren ihre Berufung durch Gott, wogegen sie sich zunächst wehren. Die göttliche Offenbarung erhalten die Propheten in Form einer Vision (durch Schauen) oder Audition (durch die Ansprache Gottes). Die Propheten der Zeit vor dem Exil in Babylonien, wie Amos, Jesaja, Micha, Hosea, Nahum, Zefanja, Habakuk und Jeremia, kritisieren die Übernahme fremder Götter und ihrer Kulte, verkünden das Gericht Gottes und fordern Buße und Umkehr. Die Propheten während der Zeit des Exils in Babylonien, wie Obadja, Ezechiel und Deuterojesaja, verkünden das neue Heil für die Exilierten und deren Rückkehr. Die Propheten nach dem Exil, wie Hagga, Sacharja, Tritojesaja, Maleachi, Joel, Jona und Daniel, fordern einen gottgerechten Lebenswandel mit dem Hinweis auf das Endgericht Gottes. Die altisraelitischen Propheten werden auch weitgehend im Christentum und Islam anerkannt.

Die Apokalyptik – die Enthüllung der Endzeit

Die Apokalyptik (von griech. *apokalyptein* = enthüllen, offenbaren) ist eine religiöse Bewegung des Frühjudentums, der es um die „Enthüllung" der Geheimnisse der Endzeit (Eschatologie), der kommenden Heilszeit, ging. Die Gegenwart wird negativ als gottfern bewertet. Sie endet mit kosmischen Katastrophen, dem Auftreten des Antimessias, der Auferweckung der Toten und einem universalen Gericht. Danach beginnt eine paradiesische Zeit mit ewigem Leben und ewiger Gerechtigkeit. Bezeugt und belegt ist die Apokalyptik durch vielfältige Schriften, den sogenannten Apokalypsen. Diese Apokalypsen verstehen sich als Offenbarungen der Endzeit, die Autoren sind anonym, d. h. nicht bekannt oder pseudonym, indem sie nicht unter dem eigenen, sondern unter dem Namen einer bekannten biblischen Gestalt wie Mose, Henoch, Baruch etc. schreiben. Sie sind charakterisiert durch endzeitliche Prophetien, Visionsberichte, Himmelsreisen, Dialoge und Ermahnungen. Neben den frühjüdischen gibt es auch christliche Apokalypsen (Petrus-, Johannes-Apokalypse etc.). Die Apokalyptik hat starke Nachwirkungen im Islam und vor allem auch im Christentum erfahren, angefangen von der „Offenbarung des Johannes" im Neuen Testament über die Bewegung des Joachim von Fiori bis hin zur heutigen modernen Esoterik. Immer wieder treten in Krisenzeiten Vorstellungen und Prophezeiungen einer Endzeit auf.

Rabbinisches Judentum – Die Rabbinen und der Talmud

Das rabbinische bzw. talmudische Judentum ist nach den Rabbinen als Träger bzw. nach dem Talmud als dem wichtigsten Werk dieser klassischen Zeit des Judentums (70 n. Chr.–7. Jh.) benannt. Die Rabbinen – sozusagen die Nachfolger der Pharisäer im Frühjudentum – waren die religiösen Gelehrten, die verbindlich die Tora in der neuen Situation der jüdischen Diaspora auslegten. Sie verfassten den *Talmud* (hebr. = Studium, Lehre), das Hauptwerk des rabbinischen Judentums. Der Talmud besteht aus der *Mischna* (hebr. = Wiederholung, Lehre), der Auslegung der Tora bzw. biblischen Gebote, und der *Gemara* (hebr. = Vollendung), dem Kommentar zur Mischna. Als Autor der Mischna wird Rabbi Jehuda ha-Nasi genannt, jedoch ist die Mischna sehr wahrscheinlich nicht das Werk eines einzigen Autors. Die Mischna ist in sechs „Ordnungen" bzw. Themenbereiche eingeteilt:

ארבעה ראשי שנים פרק ראשון ראש השנה ב

ארבעה

Eine Seite aus dem Talmud. Der Text in der Mitte besteht aus dem Mischna-Text, der Rahmentext darum ist der Text der Gemara und am Rand befinden sich spätere Kommentare dazu.

1. Saaten, d. h. Landwirtschaft,
2. Festzeiten,
3. Frauen, d. h. Familien- und Eherecht,
4. Schädigungen, d. h. Zivil- und Strafrecht,
5. Heiligungen, d. h. Opfer im Tempel und
6. Reinheiten, d. h. Reinheitsgebote.

Die Gemara ist der Kommentar und die Erklärung der späteren Generation der Rabbinen zur Mischna. Der Talmud entstand in Palästina und Babylon in zweifacher Form, als Palästinischer Talmud (5. Jh.) und Babylonischer Talmud (Ende 6./Anfang 7. Jh.). Mit der Zeit erlangte der Babylonische Talmud kanonische, maßgebende Bedeutung und verdrängte den Palästinischen Talmud. Bis heute ist der Talmud neben der Tora bzw. der hebräischen Bibel die wichtigste und maßgebende Schrift des Judentums.

Die jüdische Literatur insgesamt besteht aus Halacha und Haggada. Als *Halacha* (hebr. = Weg) gelten zunächst die einzelnen Bestimmungen und Gebote der jüdischen Tradition, dann das gesamte System der religionsgesetzlichen Gebote und Verbote der schriftlichen und mündlichen Tora. Die Halacha regelt sowohl alle religiösen als auch alle nichtreligiösen Lebensbereiche im Judentum. Die *Haggada* (hebr. = Erzählung) ist der „erzählende“ Teil der Literatur des rabbinischen Judentums: Die Haggada ist eine Darstellung der Geschichte Israels und ihre Deutung für die Gegenwart als Heilsgeschichte. Sie ist in verschiedenen Literaturformen wie Erzählungen, Gleichnissen, Legenden, Sagen, Predigten oder Ermahnungen unterschiedlicher Herkunft verfasst.

Chassidismus

Chassidismus (von hebr. *chassid* = Frommer) ist eine zusammenfassende Bezeichnung für verschiedene Frömmigkeitsbewegungen im Judentum, die die spirituelle Frömmigkeit betonen:

Zum einen die Asidäer im Frühjudentum zur Zeit der Makkabäeraufstände, dann der Chassidismus im mittelalterlichen Deutschland (12./13. Jh.), dessen Hauptvertreter die Qalonymus-Familie war und schließlich der Chassidismus in Osteuropa ab Mitte des 18. Jh., gegründet von Israel ben Eliezer (1700–1760), genannt Ba'al Shem Tob (hebr. = Herr des guten Namens). Ihm folgte Dow Bär, der Maggid von Messeritz (†1772). Seine Schüler bildeten „Dynastien" bzw. Schulen von Zaddiquim (hebr. = Gerechten).

Bald schon stand der Chassidismus in Konflikt mit dem traditionellen, offiziellen Judentum. Der osteuropäische Chassidismus nahm zwar Einflüsse der Kabbala auf wie z. B. die Idee vom En Sof und von der Sefirotwelt, wandte sich aber entschieden gegen eine akute Naherwartung des Messias. Wichtig war die richtige innere Einstellung beim Gebet, die aus „Gottesannäherung", „Intention" und „Begeisterung" bestehen sollte. Die Begeisterung sollte sich in der Ekstase durch Bewegung, Tanz und Gesang zeigen. Magie und Aberglaube spielten ebenfalls eine nicht unbedeutende Rolle, sodass man den Chassidismus als eine Volksbewegung im wahrsten Sinne des Wortes bezeichnen kann. Bekannt wurde der osteuropäische Chassidismus auch außerhalb des Judentums durch die, z. T. verfälschenden Erzählungen Martin Bubers und die Bilder Marc Chagalls. Noch heute gibt es chassidische (orthodoxe) Gruppen, deren Kleidung – schwarzer Kaftan und Pelzmütze – auf die Tracht des osteuropäischen Judentums zurückgeht.

Orthodoxes, konservatives und reformiertes Judentum

Das heutige Judentum wird durch die drei Richtungen des orthodoxen, konservativen und reformierten Judentums geprägt. Für die orthodoxen Juden ist das Judentum eine Einheit von Volks- und Religionszugehörigkeit, Tora und Talmud sind verbindlich, nur Hebräisch ist die Sprache des Gottesdienstes. Die Orthodoxie ist zwar eine Minderheit im Judentum, aber ihr kommt die entscheidende Funktion als Orientierungsmaßstab auch für das konservative und reformierte Judentum zu.

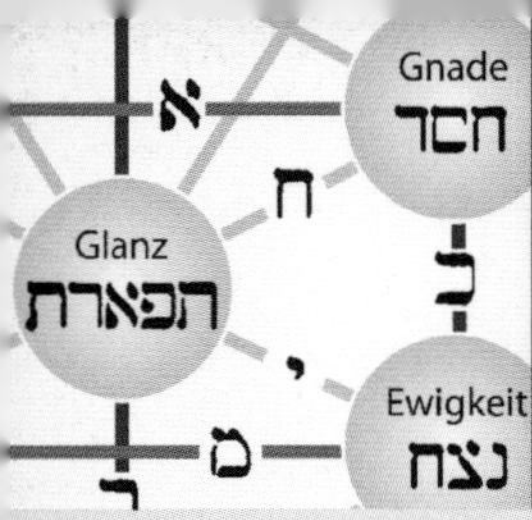

Kabbala – die jüdische Mystik

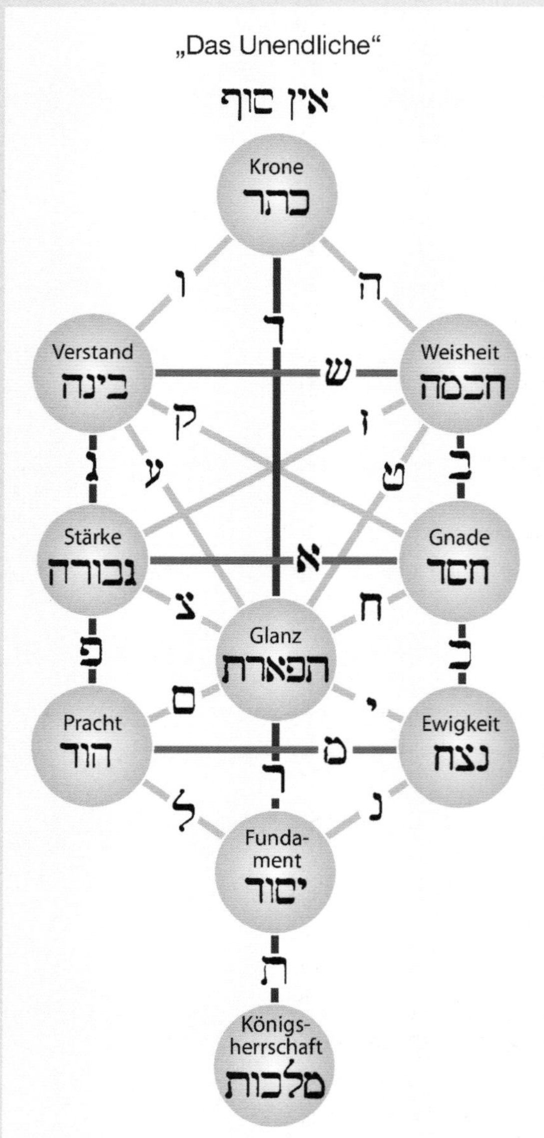

Sefirotbaum der jüdischen Kabbala.

Das Judentum des späten Mittelalters bis hin zur Neuzeit wurde neben der traditionellen rabbinischen Theologie vor allem von der Kabbala geprägt. Die *Kabbala* (hebr. = Tradition) ist die wichtigste Strömung der Mystik im Judentum, neben der früheren, der Kabbala vorangehenden Phase der Märkabah-Mystik. Die Kabbala entstand auf der Grundlage der jüdischen, vor allem apokalyptischen Tradition, aber auch gnostischen und neuplatonischen Gedankengutes in der zweiten Hälfte des 12. Jh. in Südfrankreich (Provence) und verbreitete sich während des 13. Jh. in Spanien (vor allem Gerona) und später im 16. Jh. in Palästina (Safed). Ziel war es, eine Annäherung an Gott durch eine mystische Schau Gottes zu ermöglichen und somit gewisse Aussagen über ihn zu machen. Die beiden bedeutendsten Werke der Kabbala sind das Buch *Bahir* (hebr. = hell, klar; 12. Jh.) und vor allem das Buch *Zohar* (hebr. = Glanz; 13. Jh.). Im Zohar wird beschrieben, wie das *En Sof* (hebr. = das Unendliche) bzw. das Göttliche sich selbst durch die Emanation der *Sefirot* (Manifestationen, Potenzen, Aspekte oder Eigenschaften des Göttlichen) offenbart. Die zehn Sefirot sind: Krone, Weisheit, Verstand, Gnade (Liebe), Gericht, Glanz, Ewigkeit, Pracht, Fundament und Königsherrschaft – oft durch das Bild eines Weltenbaumes oder eines Menschen (Makro-Anthropos bzw. Urmensch) verdeutlicht. Die Kabbala beschreibt die Art und Weise, wie die Sefirot untereinander, von oben nach unten und umgekehrt wirken und wie sie durch Frömmigkeit oder Sünde beeinflusst werden.

Der Mensch wird als Zentrum des Kosmos verstanden, als ein Mikrokosmos, der gleichzeitig den ganzen Kosmos repräsentiert. Das Böse als die Verselbständigung von Potenzen ist ein Bruch in der ursprünglichen Harmonie. Ziel ist daher, die Einigung der Sefirot bzw. die Wiederherstellung (*tiqqun*) der ursprünglichen Harmonie zu erreichen: Durch die Erfüllung der Tora kann der Jude bzw. Kabbalist das Böse in der Welt beenden und somit das Heil vollenden. Die kabbalistische Lehre des Zohar entwickelte sich einerseits zur jüdischen Theologie schlechthin, zum anderen ist aber auch eine Popularisierung der Kabbala unter Aufnahme magischer und anderer Elemente des Volksglaubens festzustellen. Man konzentrierte sich dabei vor allem auf die Vorstellung von Seele und Seelenwanderung und erweiterte sie.

Als die Juden aus Spanien vertrieben wurden, wurde Safed in Palästina (Galiläa) zum Zentrum der Kabbala. Als bekannte Kabbalisten in Safed sind zu nennen Abraham Abulafia (1240–ca. 1291), Josef Gikatilla (1248–ca. 1325) sowie vor allem Mose Cordovero (ca. 1522–1570) und Isaak Luria (1534–1572). Besonders die kabbalistische Lehre des Isaak Lurias wurde als lurianische Kabbala populär. Nach Luria besteht die Selbstoffenbarung Gottes darin, dass er sich selbst einschränkt bzw. zurückzieht. Durch diese Selbsteinschränkung Gottes entsteht Raum für die Schöpfung. In diesem außergöttlichen Raum sind aber Reste göttlicher Lichtsubstanz zurückgeblieben, ähnlich wie ein Rest Flüssigkeit in einer ausgeleerten Flasche bleibt. Durch ein Ur-Unglück, einen Bruch der Gefäße, stürzen viele Lichtfunken in den Ur-Abgrund und müssen erlöst werden.

Die Lehre des Luria hatte Einfluss auf Sabbetai Zwi (1626–1676) aus Smyrna, der aufgrund seines merkwürdigen Verhaltens von den Gemeinden in Smyrna, dann Saloniki und Konstantinopel verbannt wurde. Er ließ sich schließlich in Jerusalem nieder. Der Kabbalist Natan ben Elischa aus Gaza überzeugte Sabbetai von seiner Mission als Messias, schon bald ernannte sich Sabbetai zum Messias und gab sich den Titel AMIRAH (= *adonene malbenu jaru hoda* = Unser Herr König, seine Majestät sei erhaben) und rief das Jahr 1666 zum Jahr aus, in dem er als Messias die Erlösung bringen würde. Bevor es dazu kam, wurde Sabbetai von den Türken verhaftet. Vor die Wahl zwischen Hinrichtung und Konversion zum Islam gestellt, entschied sich Sabbetai für den Islam. Das bedeutete aber zunächst nicht das Ende des Sabbatianismus. Denn Natan ben Elischa gelang es, sowohl den Übertritt zum Islam von Sabbetai Zwi als auch seinen Tod theologisch so zu erklären, dass der Messias sich erniedrigen und auch durch die Welt des Bösen gehen müsse und dies ein notwendiger Bestandteil der Erlösung durch den Messias sei. Nachdem Sabbetai Zwi 1677 gestorben war, fand der Sabbatianismus seine Fortsetzung in den sabbatianischen Sekten der Dönme und den Frankisten. Die Frankisten benannten sich nach ihrem Gründer Jakob Frank (*1726 in Podolien, †1791 in Offenbach a. M.), der sich – nach Sabbetai Zwi und Berechja (dem Gründer der Dönme-Sekte) – als dritter Messias verstand. Frank wurde von den polnischen Rabbinern verbannt und trat dann mit ca. 1000 Anhängern zum katholischen Christentum über. Sie führten jedoch ein Doppelleben: Offiziell traten sie als Katholiken auf, heimlich waren sie nach wie vor Sabbatianer – und konnten so bis ins 19. Jh. fortbestehen. Für das Judentum hatte der Sabbatianismus weitreichende Nachwirkungen. Denn bis heute sieht man von messianischen Naherwartungen ab und hat auch gegenüber der Mystik Vorbehalte. Die Kabbala fand auch außerhalb des Judentums Anhänger, so im Christentum vom 15.–17. Jh. und heute in der modernen Esoterik, wo sie allerdings in sehr abgewandelter Form vor allem als Weg zu Selbstverwirklichung und Bewusstseinserweiterung gesehen wird. ■

Für die reformierten Juden ist das Judentum eine Religion, keine Volkszugehörigkeit. Tora und Talmud werden eher als Orientierungshilfe gesehen und können an die Zeit angepasst werden, der Gottesdienst kann mit Ausnahme der Toralesung in der Landessprache gehalten werden, im reformierten Judentum üben auch Frauen das Rabbineramt aus. Das konservative Judentum nimmt eine Mittelstellung zwischen orthodoxem und reformiertem Judentum ein.

Daneben gibt es die mehr oder weniger assimilierten Juden, für die die Religionspraxis keine Bedeutung mehr hat, sondern höchstens noch Ethik und Geschichte relevant sind. Das Judentum ist durch eine große Vielfältigkeit geprägt, nicht zuletzt, weil eine zentrale Lehrautorität fehlt.

Orthodoxer Jude in Jerusalem mit Kippa und Schläfenlocken wie rituell vorgeschrieben (Lev 19,27).

Die Synagoge

Mittelpunkt des jüdischen Kultes ist – seit der Zerstörung des Tempels in Jerusalem – die *Synagoge* (griech. = Versammlung, Gemeinde), womit einerseits das Gebets- und Gemeindehaus bezeichnet wird, andererseits auch die jüdische Gemeinde als solche. Die bislang ältesten archäologischen Zeugnisse von Synagogenbauten stammen aus Alexandria (3. Jh. v. Chr.). Architektonisch ist der Synagogenbau meist dem Baustil der Umwelt angepasst, wie z. B. der Basilika-Typ in der byzantinischen Zeit, romanische oder gotische Bauten in Mittelalter und Neuzeit.

Die Synagoge ist auf den Tempelplatz in Jerusalem hin ausgerichtet, in Europa dementsprechend nach Osten. Zur Einrichtung gehört der Toraschrein, in dem die Torarolle aufbewahrt wird, aus der während des Gottesdienstes gelesen wird und ein Podest für den Toravorleser (*Bema, Almenor*). In orthodoxen Synagogen gibt es eine Empore oder einen besonderen Raum für die Frauen. Verbunden mit der Synagoge sind in der Regel das Lehrhaus, der Gemeinderaum und ein Baderaum (*Mikwe*) für das rituelle Tauchbad. Im Mittelpunkt des Synagogengottesdienstes stehen Toralesung und Gebet, während in der Religion Israels

Neue Synagoge in Berlin, Oranienburgerstraße. Eingeweiht 1866, 1995 wieder eröffnet.

und im Frühjudentum im Tempel von Jerusalem das von Priestern vollzogene Opfer im Kult eine wichtige Rolle spielte. Für einen Gottesdienst müssen mindestens zehn männliche Erwachsene (*Minjan*) anwesend sein. Im Synagogen-Gottesdienst tragen die Männer eine Kopfbedeckung (*Kippa*), oft auch einen Gebetsmantel (*Tallit*) mit Quasten und dazu Gebetsriemen (*Tefillin*) mit kleinen Behältern für Bibeltexte.

Das Amt des Rabbiners gibt es in Europa seit dem Mittelalter, im sefardischen Judentum seit der osmanischen Zeit. Der Rabbiner ist vor allem die richterliche Autorität in religionsgesetzlichen Fragen und in der Auslegung der Tora. Teilweise ist er auch das Oberhaupt einer Gemeinde. Aber für die Abhaltung des Gottesdienstes ist ein Rabbiner nicht zwingend notwendig. Seit der Neuzeit wurde das Amt des Rabbiners teilweise vom christlichen Vorbild beeinflusst, sodass er auch den Gottesdienst leitet, predigt, Trauungen oder Begräbnisse etc. durchführt. Das Rabbinat in Israel wird traditionell vom orthodoxen Judentum bestimmt und besteht aus je einem aschkenasischen und sefardischen Oberrabbiner.

Sabbat: „Am siebten Tage sollst du ruhen"

Wichtig im jüdischen Alltagsleben ist der Sabbat (hebr. *Schabbat*), der siebte Tag der Woche, der ein Ruhe- und Feiertag ist, zur Erinnerung an Gottes Ausruhen nach seinem Schöpfungswerk und an die Befreiung der Israeliten von der Sklaverei in Ägypten bzw. den Auszug aus Ägypten (vgl. Ex 20,8–10). Der Sabbat beginnt am Freitagabend und endet am Samstagabend, da der jüdische Tag bei Sonnenuntergang beginnt. Es ist ein Tag der Ruhe, der Besinnung, der Familie und der Beschäftigung mit der religiösen Tradition. Der Sabbat wird mit einem Gottesdienst in der Synagoge und dem Sabbatmahl in der Familie begangen. Alle Arbeitstätigkeiten sind verboten, im orthodoxen Judentum z. B. auch das Autofahren oder die Verwendung elektrischer Geräte, im Reformjudentum ist dies dagegen erlaubt. In der Zeit der Antike war ein Ruhetag in der Woche eine Ausnahme. Gerade deshalb war der Sabbat seit jeher, ebenso wie die Beschneidung, nicht nur Kennzeichen sondern auch Symbol des Judentums, sodass man in Zeiten der Unterdrückung und Verfolgung der Juden vor allem die Sabbatruhe und die Beschneidung verbot.

Betende Juden an der Westmauer des ehemaligen Jerusalemer Tempels.

Feste

Der jüdische Kalender ist ein luni-solarer Kalender: Ursprünglich ein Mondkalender mit 354 Tagen, wird dieser Kalender

„Nicht koscher". Rein und unrein

Eine wichtige Rolle spielt im jüdischen Alltagsleben die Unterscheidung von rein und unrein. *Koscher* (hebr.-jiddisch = rein), bezeichnet all das, was rituell rein bzw. tauglich gemäß den Reinheitsgeboten der Tora ist. Die höchste Stufe der Unreinheit ist die der Toten. Im Alltagsleben sind besonders die Speisegebote von der Unterscheidung in koscher und nicht koscher betroffen: Nur das Fleisch ganz bestimmter Tiere ist koscher und darf gegessen werden, das unreiner Tiere ist verboten (vgl. Lev 11). Bei den Tieren des Landes z. B. gelten alle diejenigen, die Wiederkäuer und Paarhufer (Rind, Schaf, Ziege) sind, als rein und diejenigen, die dies nicht sind (Schwein, Kamel, Hase), als unrein. Auch für die Zubereitung von Speisen gelten bestimmte rituelle Riten und Vorschriften, z. B. die rituelle Schlachtung von Tieren, das sogenannte Schächten, bei dem die Tiere sorgfältig ausgeblutet werden. Die Trennung von Speisen, die mit Milch und solchen, die mit Fleisch zubereitet werden, ist zu beachten. Unreinheit wird durch Berührung übertragen, die Reinigung erfolgt mit „lebendigem", d. h. nicht stehendem Wasser. Je nachdem, wie stark die Verunreinigung ist, ist ein Tauchbad oder nur Händeabspülen notwendig. ■

immer wieder durch einen Schaltmonat an das Sonnenjahr von 365 Tagen angeglichen. Als Beginn der Zeitrechnung gilt die Schöpfung der Welt (3760 v. Chr.). Das Jahr 1240 n. Chr. in christlicher Zeitrechnung war nach jüdischer Zeitrechnung das Jahr 5000 nach der Weltschöpfung, sodass das Jahr 2014/15 das Jahr 5775 nach jüdischer Zeitrechnung ist.

Das jüdische Jahr besteht aus zwölf Monaten und beginnt mit dem Monat *Tischri* (September/Oktober). Das jüdische Neujahrsfest (*Rosch ha-Schana*) wird also im September (1. *Tischri*) gefeiert. Im selben Monat (10. *Tischri*) wird das Versöhnungsfest (*Jom Kippur*), an dem die Sünden des Menschen gegenüber Gott gesühnt werden und die Menschen sich untereinander aussöhnen sollen, als Ruhe- und Fastentag begangen. Ebenfalls im Monat Tischri wird das Fest der „Freude an der Tora" (*Simchat Tora*) bzw. die Tora als Geschenk Gottes gefeiert – mit einem Umzug der Torarollen durch die Synagoge. An diesem Tag beginnt auch der neue Jahreszyklus der Toralesung. Ein weiterer Feiertag im Monat Tischri ist das Laubhüttenfest (*Sukkot*) zur Erinnerung an die Wüstenwanderung der Israeliten von Ägypten ins Gelobte Land und an die Offenbarung der Tora bzw. der zehn Gebote auf dem Sinai. *Chanukka*, ein Lichterfest zur Erinnerung an die Neuweihung des Jerusalemer Tempels durch die Makkabäer im Monat *Cheschwan* (Dezember), blieb nicht unbeeinflusst vom christlichen Weihnachtsfest. *Purim* wird im Monat *Adar* (Februar/März) ähnlich wie Karneval gefeiert. Es erinnert an die Geschichte Esthers, die Frau des Perserkönigs, die die Juden vor der Vernichtung durch den persischen Wesir Haman rettete (vgl. Buch Esther). *Pesach* bzw. Pascha wird im Monat *Nissan* (März/April) zur Erinnerung an den Auszug Israels aus Ägypten gefeiert, und Schawuot im Monat *Siwan* (Mai/Juni) zum Dank an die Offenbarung der Tora wurden im Christentum als Oster- und Pfingstfest übernommen. Einige Feste wie Pesach oder Sukkot feiert man sieben Tage lang.

Das erste Fest im individuellen jüdischen Lebenslauf ist die Beschneidung (*Brit Mila*). Dabei wird beim Jungen am achten Tag die Vorhaut entfernt (vgl. Gen 17,10-13). Als Zeichen der Zugehörigkeit zum Bund Gottes mit Israel hat die Beschneidung eine ähnliche Bedeutung wie die Taufe im Christentum. Mit 13 Jahren ist ein Junge dann mit der *Bar Mizwa*-Feier sozusagen religiös volljährig, kann so als vollwertiges Gemeindemitglied am Gottesdienst teilnehmen und dabei z. B. auch öffentlich die Tora vorlesen.

„Seid fruchtbar und mehret euch“, nach diesem Gebot (vgl. Gen 1,28) sollte jeder Jude Kinder zeugen und entsprechend verheiratet sein. Die Ehe wird durch einen Ehevertrag (*Ketuba*) besiegelt. Eine Ehescheidung ist möglich, die Frau kann sich nach jüdischer Tradition aber nur mit Zustimmung des Mannes scheiden lassen.

Das Begräbnis findet als Erdbestattung möglichst noch am Todestag statt, Verbrennung ist traditionell nicht erlaubt. Für Grab und Friedhof gilt die Totenruhe, auch in dem Sinne, dass sowohl Grab als auch Friedhof unverändert bleiben. Das bedeutet, dass es keine „Grabpflege“ wie im Christentum gibt und das Grab auch später nicht zu einem anderen Zweck verwendet wird.

Jüdischer Grabstein. Die erste Zeile gibt immer an: „Hier ist begraben . . .“, die letzte Zeile ist der Segensspruch: „Seine/ihre Seele sei eingebunden in den Beutel des Lebens“ (nach 1 Sam 25, 29).

Fazit und Ausblick

Trotz der Verfolgung von Juden zu allen Zeiten hat das Judentum bis heute überlebt. Nicht zuletzt durch die Aus- und Abgrenzung von der Umwelt sowie die Verfolgungen war die Religion der Faktor dafür, dass sich umso stärker ein Bewusstsein jüdischer Identität herausbildete. Hier zeigt sich beispielhaft, dass Religion in Krisenzeiten das Identitätsgefühl einer Gemeinschaft bzw. Gesellschaft stabilisieren kann. Dies gilt heute auch besonders für die Situation in Israel, sodass sich auch hier deutlich zeigt, dass Religion nach wie vor ein bedeutender gesellschaftlicher und politischer Faktor ist.

Abschließend soll nochmals auf die kulturprägende Bedeutung des Judentums für Christentum und Islam und unsere heutige westliche Gesellschaft hingewiesen werden. Das jüdische Glaubensbekenntnis:

„Du sollst den Herrn, deinen Gott lieben mit ganzen Herzen, mit ganzer Seele und mit all deinen Gedanken“ war auch für Jesus „das wichtigste und erste Gebot“ (Mt 22,37f), und ebenso entstammt das christliche Gebot der Nächstenliebe dem Judentum.

Christentum

„Wir glauben an den einen Gott, den Vater, den Allmächtigen (...).

Und an den einen Herrn Jesus Christus,

Gottes eingeborenen Sohn (...)

Wir glauben an den Heiligen Geist (...)"

(aus dem „Apostolischen Glaubensbekenntnis")

Das Christentum ist mit ca. 2,1 Milliarden (33 Prozent) Anhängern die größte der Weltreligionen. Es erlebte einen rasanten Aufstieg von einer kleinen jüdischen Sekte zur römischen Staatsreligion, die die Politik und den Lauf der Geschichte in Europa mitbestimmte, bis hin zur Weltkirche, die nach wie vor das Welt- und Menschenbild vor allem der westlichen Welt prägt. Während heute die Anhängerzahl des Christentums in Europa zurückgeht, wächst sie in Afrika und Asien.

Geschichte

Die Anfänge: Von einer jüdischen Sekte zur Staatskirche

Ein zunächst scheinbar unbedeutendes Ereignis, die Kreuzigung eines Juden namens Jesus in der Provinz Judäa des Römischen Reiches unter dem Statthalter Pontius Pilatus – wahrscheinlich im Jahre 33 – entwickelte sich zu einem Ereignis der Weltgeschichte. Jesus (von hebr. *Jeschua* = der Herr rettet) selbst war Zeit seines Lebens Jude, gilt aber als Stifter des Christentums. Er wurde um 4/5 (n. Chr.) in Judäa, einer Provinz des Römischen Reiches, geboren und sein Tod am Kreuz ist um 30 bis 33 n. Chr. anzusetzen. Das Römische Reich war durch die Verschmelzung römischer, griechischer und orientalischer Kultur gekennzeichnet, allgemein als hellenistische Kultur bezeichnet. Jesus wurde unter der Regierung von Kaiser Augustus um das Jahr 4 oder 5 geboren, Judäa wurde zu dieser Zeit von Herodes dem Großen verwaltet. Jesu Wirken fällt in die Zeit des Frühjudentums, das geprägt ist durch die Religionsparteien der priesterlich-aristokratischen Sadduzäer, der eine mittlere Position einnehmenden Pharisäer sowie verschiedener Gruppen mit endzeitlich-apokalyptischen Vorstellungen und schließlich radikaler politisch-religiöser Gruppierungen (Zeloten, Sikarier). Die römische Regierung bzw. Pontius Pilatus als ihr Statthalter und Repräsentant verstand Jesus als politischen Messiasprätendenten mit dem Ziel, die Königsherrschaft Davids wieder errichten zu wollen und ließ ihn daher als politischen Aufständischen kreuzigen.

Die Evangelien des Neuen Testaments berichten ausführlich von Jesu Leben und Wirken. Sie wurden aber nicht als historische Biografie Jesu verfasst, sondern verstehen sich als Glaubenszeugnisse, die das Leben, die Botschaft und das Wirken Jesu als Heilshandeln Gottes sehen. Dabei ist auch zu beachten, dass das älteste Evangelium, das Markus-Evangelium, erst um 70 n. Chr. geschrieben wurde. Es gibt außerbiblisch nur wenige Autoren, die Jesus erwähnen (Josephus Flavius, Plinius der Jüngere und Tacitus). Jesus wirkte als Wanderprediger. Von seinen Anhängern werden als engerer Jüngerkreis im Neuen Testament zwölf namentlich genannt, darunter Simon Petrus und sein Bruder Andreas, die Brüder Jakobus und Johannes, Phillipus, Matthäus, Thaddäus und Judas. Als Frauen werden Maria von Magdala und Martha genannt. Nach Jesu Tod ist es vor allem Paulus, der als Missionar wirkt und so für die Verbreitung des Christentums über Judäa hinaus im Römischen Reich sorgt. An der Zugehörigkeit Jesu zum Judentum besteht kein Zweifel, umstritten ist aber die Zuordnung und Abgrenzung zu den vielen religiösen Gruppierungen im Frühjudentum. Wie bei den endzeitlich-apokalyptischen Gruppen ist Jesu Botschaft endzeitlich orientiert. Trotz der Unterschiede zu den Pharisäern versucht Jesus wie diese, die Erfüllung der Gebote der Tora für das Alltagsleben zu ermöglichen, und er betont wie diese die Eigenverantwortlichkeit des Menschen sowie den Glauben an die Auferstehung der Toten und an die Engel. Von daher steht Jesus den Pharisäern von allen frühjüdischen Gruppen am nächsten, und es ist anzunehmen, dass es sich bei den Streitgesprächen zwischen Jesus und den Pharisäern um innerparteiliche Diskussionen und Auseinandersetzungen handelt. Die negativen Darstellungen der Pharisäer oder der Schuld der Juden am

Jesus, Gemälde von Rembrandt van Rijn, Öl auf Leinwand, ca. 1648.

Kreuzestod Jesu erklären sich dadurch, dass die Evangelien unter römischer Herrschaft geschrieben wurden und sich die Evangelisten mit ihr arrangieren mussten und sie sich gleichzeitig als eigene Religionsgemeinde vom Judentum abgrenzen wollten. Die bedeutende Rolle von Johannes dem Täufer zu Beginn des öffentlichen Auftretens Jesu könnte ein Hinweis auf eine Beziehung zu dessen Täufersekte sein. Zu der Sekte von Qumran gibt es ebenfalls einige Parallelen, aber auch starke Unterschiede wie z. B. die Vorstellung von zwei Messias-Gestalten in Qumran.

Die christliche Gemeinde entstand als eine der vielen jüdischen Gruppen innerhalb des Judentums. Durch die Missionierung der ersten *Apostel* (griech. = Gesandte), d. h. die von Christus nach seiner Auferstehung zur Verkündigung des Evangeliums berufenen und in die Welt ausgesandten Jünger, verbreitete sich das Christentum schnell auch bei den „Heiden" bzw. Nichtjuden.

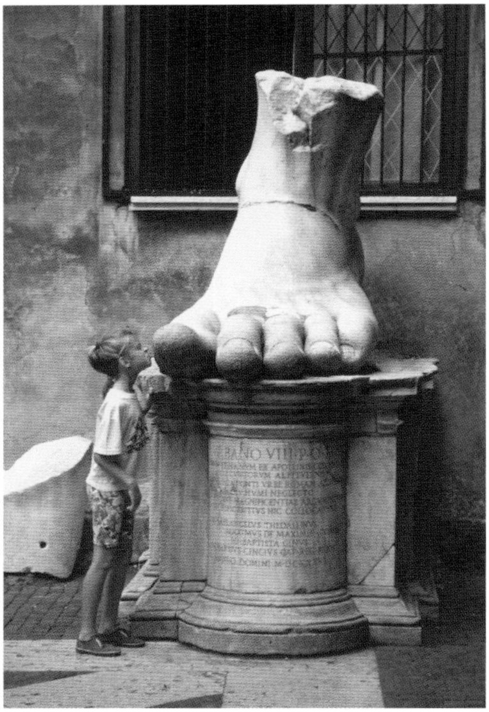

Kaiser Konstantin, Fuß einer Kolossalstatue, dessen Größe auf das Selbstverständnis Konstantins als Kaiser schließen lässt. Rom, Innenhof des Konservatorenpalastes.

Die Urgemeinde bestand aus Judenchristen und Heidenchristen. Die Judenchristen kamen aus dem Judentum. Im Unterschied zu den Heidenchristen behielten sie viele jüdische Gebräuche bei, vor allem Beschneidung, Sabbatruhe und Speisetabus. Die Heidenchristen waren die nicht aus dem Judentum, sondern aus dem Heidentum zum (frühen) Christentum Übergetretenen. Paulus gilt als der Apostel der Heiden schlechthin, durch den maßgeblich auch die Trennung des Christentums vom Judentum erfolgte. Diskussionen gab es über die Frage, ob und inwiefern die Heidenchristen jüdische Gebote wie Beschneidung, Reinheitsvorschriften etc. einhalten sollten. Das Apostelkonzil von 48/49 befreite sie letztlich davon – ein Bruch mit der jüdischen Tradition und der erste Schritt des Christentums zu einer eigenen Religionsgemeinde, die sich vom Judentum unterschied.

Die ersten Verfolgungen der Christen fanden unter Kaiser Nero in Rom im Jahr 64 statt, denen u. a. die Apostel Petrus und Paulus zum Opfer fielen, und die bekannt wurden durch den Brand von Rom, für den Nero sie verantwortlich machte. Hier treten die Christen erstmals als eigene Gruppe auf.

Die sogenannte Konstantinische Wende war der erste Schritt des Christentums auf dem Weg zur Staatsreligion: Kaiser Konstantin der Große entwarf in dem sogenannten Toleranzedikt von Mailand 313 mit seinem Mitregenten Licinius im Osten ein Programm, das dem Christentum völlige Gleichberechtigung bzw. Religionsfreiheit neben den anderen Religionen im Staat garantierte und es somit förderte. Aber erst unter Theodosius d. Gr. (379–394), Kaiser in der Osthälfte des Reiches und Gratian (375–383), Kaiser in der Westhälfte des Reiches wurde das Christentum zur alleinigen Staatsreligion im gesamten Römischen Reich. In einem kaiserlichen Edikt (*Cunctos populos*) von 380 wurde die Annahme des Christentums befohlen, 392 wurde die Ausübung der heidnischen Opferkulte verboten und unter Strafe gestellt. Somit war die christliche Kirche jetzt Reichskirche geworden.

Prägend für das frühe Christentum waren die Kirchenväter. Kirchenväter werden diejenigen genannt, die nicht nur als Apologeten das Christentum verteidigten, sondern sich auch theologisch mit dem Christentum beschäftigten und meistens auch Bischöfe waren (der Bischof wurde ursprünglich „Vater" genannt). Nach späterer katholischer Lehre gelten als Kirchenväter diejenigen, die sich durch rechte Lehre, heiligen Lebenswandel und die entsprechende kirchliche Ernennung als solche auszeichnen. Zu den Kirchenvätern zählen Athanasius (291–373), Basilius (329–379), Gregor von Nyssa (330–394), Gregor von Nazianz (333–390), Ambrosius (340–397), Hieronymus (345–420), Augustinus (354–430), Johannes Chrysostomos (374–407) und Kyrill von Alexandrien (376–444). Origines und Tertullian gehören nach den katholischen Kriterien nicht zu den Kirchenvätern.

Im frühen Christentum gab es fünf große Patriarchate: Rom, Konstantinopel, Jerusalem, Alexandrien und Antiochien. Auf Synoden (griech. = Zusammenkünfte) und Konzilen wurden ab dem 2. Jh. Fragen der Ordnung, Lehre oder Liturgie der Kirche besprochen und diskutiert, wodurch eine gemeinsame Basis in Glaubensfragen entstand. Bei den Konzilen von Nizäa (325), Konstantinopel (381), Ephesus (431) und von Chalcedon (451) ging es um die Lehren des Arianismus, des Nestorianismus, Pelagianismus und Monophysitismus bzw. die Frage nach dem Wesen und der Wesensgleichheit von Gottvater, Christus und dem Heiligen Geist.

Mitte des 5. Jh. beanspruchte Papst Leo I. (440–461) unter Berufung darauf, dass er als Bischof von Rom Nachfolger des Petrus sei, die Autorität über die gesamte Kirche, also auch über die Ostkirche. Dieser Anspruch führte mehr und mehr zur Entfremdung und Konkurrenz zwischen der westlichen und östlichen Kirche bis hin zum endgültigen Schisma (Trennung) im Jahre 1054.

Das Mittelalter: Höhepunkt der kirchlichen Macht

Das Mittelalter ist Zeit der machtvollen Kirche. Durch die Völkerwanderung und das Ende des Imperium Romanum tritt Mitteleuropa in den Vordergrund des Geschehens. Die iroschottische und die angelsächsische Mission bildeten die Basis für ein christliches Abendland, dessen religiös-politische Einheit von Kaiser Karl d. Gr. und Otto d. Gr. gefestigt wird. Gleichzeitig kommt es zum Bund zwischen Kaiser und Papst, zwi-

Arbeiten und Beten: Das Mönchtum

Nach der Konstantinischen Wende, um die Mitte des 3. Jh. entstanden – aus Protest gegen und als Alternative zur Verweltlichung des christlichen Gemeindelebens – Eremiten- und Mönchtum. Am Anfang stehen beispielhaft Antonius (251–356) für das Eremitentum und Pachomius (287–347) für das Mönchtum. Eremitentum und Mönchtum breiteten sich sehr schnell im Orient aus. Für alle Orden galten sehr früh die Gelübde der Armut, Keuschheit und des Gehorsams. Für das Mönchtum in der Ostkirche wurde die Regel des Basilius d. Gr. (gest. 379, Metropolit von Kappadokien) maßgebend, für das Mönchtum im Westen die Regel des Augustinus (354–430), die bis heute in der Augustinerregel aktuell ist. Nicht nur Augustinus, auch Ambrosius von Mailand (339–397), Hieronymus (347–420), Martin von Tours (317–397) und Johannes Cassian (360–435) waren Wegbereiter des Mönchtums im Westen. Benedikt von Nursia (480–ca. 547) verfasste die seit Karl d. Gr. für den Westen allgemein gültige Klosterregel, die das durch Beten und Arbeiten (*ora et labora*) geregelte Leben sowie die Tugenden der Armut, des Gehorsams und der Keuschheit betonte. ■

Benediktinerabtei Maria Laach.

schen geistlicher und weltlicher Macht, aber auch zum Machtkampf zwischen beiden. Das Papsttum erreicht dabei immer mehr Unabhängigkeit von der weltlichen Macht und den Höhepunkt seiner Macht. Das Mittelalter ist aber auch die dunkle Seite der Kirchengeschichte: Es ist die Zeit der Kreuzzüge, der Inquisition und Ketzerverfolgung sowie der Dekadenz des Papsttums.

Mit dem Übertritt des Frankenkönigs Chlodwig (466–511) zum römisch-katholischen Christentum wurde der Plan des Ostgotenkönigs Theoderich d. Gr. (455–526) verhindert, ein arianisch-christliches germanisches Großreich zu errichten. Chlodwig schafft so die Grundlagen eines einheitlichen christlich-katholischen Frankenreiches.

Aber auch die von Irland ausgehende iroschottische Mission und die von Britannien ausgehende angelsächsische Mission auf dem europäischen Festland waren ein wesentlicher Grundstein für die Entwicklung des Christentums in Westeuropa. In Irland beginnt die christliche Mission um 432 mit dem aus Britannien stammenden Patrick. Im 6./7. Jh. werden von Mönchen auf der Wanderschaft – verstanden als heilige Pilgerschaft für Christus (*Peregrinatio religiosa pro Christo*) – in Irland und Britannien eine ganze Reihe von Klöstern gegründet. Kolumban d.J. (530–615) war der bedeutendste Vertreter der iroschottischen Mission auf dem Festland. Die angelsächsische Mission in Britannien war im Unterschied zur iroschottischen Mission von Rom aus organisiert. Auch Bonifatius (675–754), oft als „Apostel Deutschlands" bezeichnet, stammte aus Britannien (Wessex).

Karl der Große (768–814) festigte die Einheit eines christlichen Frankenreichs bzw. Europas nach außen gegen die Muslime in Spanien, gegen Awaren, Dänen, Slawen, Böhmen und vor allem gegen die Sachsen – alles sowohl religiöse als auch militärisch-politische Unternehmen, Mission und Eroberung in einem. Karl d. Gr. verstand sich als theokratischer, d. h. als weltlicher und geistlicher Herrscher zugleich. Dies verdeutlicht auch die Krönung zum Kaiser des Heiligen Römischen Reiches durch Papst Leo III., die in deutlicher Konkurrenz und Abgrenzung zur Ostkirche erfolgte.

Nach einer Zeit des Niedergangs des Papsttums entstand unter Otto d. Gr. (936–973) und seinen Nachfolgern, den Ottonen und Saliern, ein Reichskirchensystem. Dabei gingen Staat und Kirche eine enge Bindung an. Der Kaiser bestimmte bei der Papstwahl mit und setzte Bischöfe ein. Otto konnte sich auf den Klerus verlassen, da dieser aufgrund des Zöli-

Kaiser Karl der Große. Kupferstich von Nicolas III de Larmessin (1640–1725).

bats keine dynastischen Ansprüche bezüglich der Erbfolge beanspruchte. Die Kirche ihrerseits war vor Übergriffen auf ihren Besitz durch den Adel sicher und konnte ihren Einfluss auf das öffentliche Leben ohne Einschränkung ausbauen. Es kam zu einer kirchlich-politischen Einheit, zu einem engen Bündnis zwischen Staat und Kirche, das für beide Seiten Vorteile brachte. Diese sogenannte ottonische Reichskirche war die Basis für die Entstehung der Feudalkirche, die die Kirche nicht nur im Mittelalter, sondern bis zur Säkularisation 1803 prägte.

Durch die Reichskirche Ottos erhielten die Herrscher und Fürsten soviel Macht im kirchlichen Bereich, dass als Gegenreaktion auf kirchlicher Seite die Gregorianische Reform erfolgte. Sie ist nach Papst Gregor VII. (1073–1085) benannt. Dessen Hauptziel war es, die Kirche von dem weltlich-staatlichen Machteinfluss zu befreien und ihr mehr Eigenständigkeit zu verschaffen. Die Gregorianische Reform führte zur entscheidenden Wende und Änderung der Beziehung zwischen weltlicher und kirchlicher Macht. Es kam zum Investiturstreit, bei dem es um die Frage ging, ob Bischöfe nur vom Papst allein oder aber auch von Laien wie Königen oder Adligen eingesetzt werden dürften. Der sprichwörtlich gewordene Gang nach Canossa von König Heinrich IV., um beim Papst Abbitte zu leisten, war deutlicher Ausdruck dafür, dass das Papsttum letztlich siegte: Die Freiheit der Kirche von der weltlichen Macht war erreicht.

Mit der Zeit gewann Frankreich immer größeren Einfluss auf das Papsttum, sodass es zum Abendländischen Schisma kam. Papst Clemens V. machte schließlich 1309 Avignon zu seiner Residenz. Avignon war nun auch die Residenz seiner Nachfolger, es war die Zeit des Exils von Avignon (1309–1377). Das Schisma erfolgte dann durch die Doppelwahl von zwei Päpsten 1378: Clemens VII., der als Franzose in Avignon residierte, und Papst Urban VI., der als Italiener in Rom regierte. Jeder Papst bannte den anderen Papst und seine Anhänger, sodass letztlich die ganze abendländische Christenheit im Bannfluch lebte. Das Schisma wurde durch ein Allgemeines Konzil in Konstanz (1414–1418) beendet.

Der Kampf für den wahren Glauben – Ketzer, Hexen und die Inquisition

Im 11./12. Jh. kam es zu Klosterreformen, und im 13. Jh. entstanden die beiden großen Bettelorden der Franziskaner, gegründet von Franz von Assisi (1181/82–1226) und der Dominikaner, gegründet von Dominikus de Guzmán (1170–1221). Mit ihrer Betonung der Armut übten die Bettelorden auch großen Einfluss auf die Laien aus. Im Zuge dieser Armutsbewegung entstanden auch Bewegungen, die sich nicht nur die Armut zum Ziel setzten, sondern auch Kritik an der offiziellen Kirche übten und so in Gegensatz zu ihr gerieten und als Häretiker verfolgt wurden. Zu nennen sind vor allem die Bewegungen der Bogomilen, der Katharer und der Waldenser.

Die Inquisition war die kirchliche Institution, die für Häresie zuständig war. *Inquisition* (lat. = Untersuchung) nannte man das Gerichtsverfahren, aber auch die entsprechende kirchliche Behörde, die die Aufgabe hatte, den Abfall vom rechten Glauben zu verfolgen, zu untersuchen und zu bestrafen. Sie richtete sich nicht gegen Ungläubige, sondern gegen Christen, die vom Glauben abgefallen waren. Während der Kämpfe gegen die Katharer wurde das *Sanctum Officium* (lat. = Heiliges Amt, d. h. die Inquisition) 1232 in Rom eingerichtet. Es war ein Gerichtshof, der vom Papst geleitet und fast ausschließlich mit Dominikanermönchen besetzt war. Bei dem Prozessverfahren wurden Denunzianten bzw. Zeugen nicht genannt, es gab überhaupt keine Verteidigung und nur manchmal eine Anhörung. Geständnisse wurden oft durch Folter erpresst. Die Tötung der Beschuldigten (meist durch öffentliche Verbrennung) wurde aus rechtlichen Gründen den staatlichen Behörden überlassen. Besonders in Spanien war die Inquisition verbreitet. In der Zeit der Gegenreformation kam es noch einmal verstärkt zu Inquisitionsprozessen. Auch die Reformation kannte die Inquisition wie z. B. im Fall der Wiedertäufer. Die Inquisition bestand offiziell bis ins 19. Jh. und

„Gott will es!" – Die Kreuzzüge als heiliger Krieg im Heiligen Land

Ein dunkles Kapitel der mittelalterlichen Kirchengeschichte sind die Kreuzzüge. Dies sind die Kriege im Heiligen Land (1096–1291) bzw. in Palästina, zu denen die Päpste zum Schutz der christlichen Pilger und der heiligen Stätten sowie der Befreiung Jerusalems von den Muslimen aufriefen. Motiv und Antrieb für die Kreuzzüge war die Idee der Pilgerschaft ins Heilige Land, die sich mit der Vorstellung des heiligen Krieges gegen die Heiden verband.
Hintergrund war die Tatsache, dass der Islam seit dem 7. Jh. sehr schnell enorme Eroberungserfolge verbuchen konnte, während das Christentum große Bereiche verloren hatte. Konkreter Anlass für die Kreuzzüge war zum einen die Tatsache, dass sich Jerusalem, die heilige Stadt, seit 1071 unter der türkischen Herrschaft der Dynastie der Seldschuken befand und zum anderen, dass das bedrohte Konstantinopel den Westen um Hilfe anrief. Auf der Synode von Clermont 1095 rief Papst Urban II. zu einem Kreuzzug ins Heilige Land auf und mobilisierte mit seiner Rede und dem Aufruf „Gott will es!" die Massen. Der Wanderprediger Peter von Armiens in Frankreich machte ebenfalls erfolgreich Propaganda für einen Heiligen Krieg. Was die Massen vor allem begeisterte, war das Versprechen der Kirche, dass die Teilnahme am Kreuzzug die Vergebung aller Sünden, einen vollkommenen Ablass und im Falle des Todes den sofortigen Eintritt in den Himmel garantierte. Die Unzufriedenheit der Menschen, die durch Naturkatastrophen, Hungersnöte und Seuchen gerade in dieser Zeit eine extreme wirtschaftliche Notsituation erlebten, konnte so von innenpolitischen Krisen abgelenkt werden.
So begann der erste Kreuzzug (1096–1099) als unorganisierte Massenbewegung, die anfangs vor allem durch Pogrome gegen Juden im nordfranzösischen Rouen, im Rheinland, in Franken und Böhmen gekennzeichnet war. Anführer waren Raimund von Toulouse, Gottschalk von Bouillon und seine Brüder und Bohemund von Tarent. Ihnen gelang 1099 die Eroberung von Jerusalem, wo sie unter den Einheimischen schreckliche Massaker anrichteten. Es kam zur Errichtung des „Königreiches Jerusalem", dessen König Balduin von Bouillon wurde und das 1187 wieder verloren ging. Beim zweiten Kreuzzug (1147–1149) siegten die Türken. Der dritte Kreuzzug (1189–1192) hatte die Wiedereroberung Jerusalems zum Ziel und wurde von dem alten Kaiser Friedrich Barbarossa geführt, der anfangs gegen die Türken siegte, aber dann den Tod fand.

Richard Löwenherz von England und König Philipp II. von Frankreich gelang es nicht, Jerusalem zu erobern. Sie erreichten aber einen Waffenstillstand mit Sultan Saladin, der christlichen Pilgern den Besuch von Jerusalem ermöglichte. Während des vierten Kreuzzuges (1202–1204) kam es 1203/04 zur Eroberung und Plünderung Konstantinopels, wo dann ein lateinisches Kaisertum errichtet wurde, das bis 1261 existierte. Ein für die Ostkirche traumatisches Ereignis, das die Entfremdung beider Kirchen endgültig besiegelte. Kaiser Friedrich II. konnte beim fünften Kreuzzug (1217–1221) die Rückgabe Jerusalems an die Christen erreichen, 1244 verloren die Christen aber die Stadt für immer. Der sechste Kreuzzug (1248–1254) unter König Ludwig IX. von Frankreich endete für diesen mit einer Niederlage und seiner Gefangennahme. 1270 versuchte er nochmals erfolglos einen siebten Kreuzzug. 1291 war die Kreuzzugsbewegung mit dem Verlust von Akko, dem letzten Bollwerk der Kreuzfahrer in Palästina, endgültig beendet.

Die Kreuzzüge erreichten keines der angestrebten Ziele. Es kam zwar zu einem wirtschaftlichen Aufschwung durch Fernhandel, auch zu einer Verstärkung der christlichen und nationalen Identität der einzelnen Länder des Abendlandes. Gravierender waren aber die Folgen durch die Entfremdung nicht nur zwischen West- und Ostkirche, sondern auch zwischen Christentum, Judentum und Islam, die durch die Kreuzzüge verstärkt wurde. Für Judentum und Islam waren die Kreuzzüge eine traumatische Geschichtserfahrung. Der christliche Antijudaismus, die judenfeindliche Einstellung, verstärkte sich. Da die Christen nun den Fernhandel übernahmen, den vorher die Juden ausgeübt hatten, blieb den Juden letztlich nur der Geldhandel, um zu überleben. Von islamistischer Seite aus wirft man dem Westen bis heute Kreuzfahrertum vor. ■

Die Kreuzfahrer vor Jerusalem, Farblithographie, um 1900, nach einem Gemälde von Max Henze.

wurde dann in die bis heute bestehende *Glaubenskongregation* umgewandelt.

Auch Hexenprozesse zählen zu den Inquisitionsverfahren. In Europa kam es in der Zeit vom 14. bis zum 18. Jh. zu Hexenverfolgungen, Höhepunkt waren die Jahre zwischen 1590 und 1630. Die Hexenverfolgung erreichte die Ausmaße eines Massenmordes, mindestens 100000 Menschen wurden hingerichtet. Die Hexenverfolgung war nicht nur Angelegenheit der Katholiken, auch Protestanten waren beteiligt, wenn auch seltener. Wurde eine Person als Hexe, seltener als Hexer, denunziert, so kam es zu einem Inquisitionsprozess, der fast immer mit einer Hinrichtung endete, da man unter Folter jedes Geständnis erpressen konnte. Die Hauptvorwürfe waren die Schließung eines Bundes und Geschlechtsverkehr mit dem Teufel, Schadenszauber (ein Relikt davon ist noch das heutige Wort „Hexenschuss") und der Flug durch die Luft.

Die Neuzeit: Die Reformation

Die sog. Renaissancepäpste sind ein dunkles Kapitel der Papstgeschichte. Zu nennen sind Päpste wie Sixtus IV. (1471–1484), Innonenz VIII. (1484–1492), Alexander VI. (1492–1503), Julius II. (1503–1513), oder Paul III. (1534–1549). Sie scheiterten an den kirchlichen Problemen ihrer Zeit – wie etwa an Reformen, an der Bedrohung Europas durch die Türken oder an der Unterstützung der Ostkirche im Kampf gegen den Islam. Stattdessen missbrauchten sie das Papstamt zur persönlichen Vergnügungssucht und zu politischen Machtzwecken. Söhne, Enkel und Neffen der Päpste wurden mit Ämtern, Fürstentümern und Ländereien des Kirchenstaates bedacht, Ämter verkauft und gekauft. Alle Mittel waren dabei recht, von Korruption bis Gewalt.

Diese Situation des dekadenten Papsttums und andere Umstände machten eine Reform der Kirche notwendig, wie sie dann durch die Reformation erfolgte. Vorläufer und Vorbereiter der Reformation waren u. a. Wilhelm Ockham (1290–1349), John Wycliff (ca. 1324–1384), Jan Hus (1369–1415) oder der Humanist Erasmus von Rotterdam (1469–1536) und vor allem der Dominikanermönch Hieronymos Savanarola (1452–1498), ferner die spirituellen Bewegungen der *Devotia moderna* (eine Bewegung „neuer Frömmigkeit") und der *Via moderna* (der „moderne Weg" im Unterschied und Abgrenzung zur Scholastik).

Martin Luther (1483–1546) aber war derjenige, der dann die Reformation durchführte. Er wurde in Eisleben geboren. 1505 trat er in das Kloster der Augustiner-Eremiten in Erfurt ein und empfing schon 1507 die Priesterweihe. Luther absolvierte ein Theologiestudium in Wittenberg mit dem Doktorgrad (1512), wobei er durch die Scholastik geprägt wurde. Er machte zwischendurch eine Romreise (1510/11) und hielt ab 1513 Vorlesungen an der Universität Wittenberg.

Martin Luther, Gemälde von Lucas Cranach d.Ä., 1526, Eisenach.

Ausgelöst wurde die Auseinandersetzung durch den sog. Ablassstreit. Ablass ist der Erlass von kirchlichen Bußstrafen aufgrund von Verdiensten und Werken. Durch bestimmte Leistungen wie Geld oder Almosen konnten die Sünden erlassen und auch die Verstorbenen aus dem Fegefeuer gerettet werden. Luther verfasste 95 Disputationsthesen und sandte sie am 31.10.1517 (der 31.10. ist heute der Reformationstag) an den Erzbischof von Magdeburg-Mainz und den Bischof von Brandenburg. Sie wurden also nicht, wie oft berichtet, an der Schlosskirche von Wittenberg angeschlagen. Die Thesen verbanden Vorschläge von Reformen mit der Kritik am Ablass. Luther bat um Aufklärung und um Zurückhaltung in den Ablasspredigten. Die Thesen wurden ohne sein Wissen gedruckt und schnell bekannt. In Rom eröffnete man 1518 einen Prozess gegen Luther wegen Ketzerei und Verbreitung neuer Lehren. Nachdem Luther ein Druckexemplar der päpstlichen Bulle in Wittenberg verbrannt und den Papst zum Antichristen erklärt hatte, reagierte Rom im Januar 1521 mit seiner Verbannung. Kaiser Karl V. verhängte schließlich mit dem „Wormser Edikt" die Reichsacht über Luther. Auf der Wartburg, wo Luther einige Monate Schutz suchte, verfasste er Kampfschriften und übersetzte vor allem die Bibel ins Deutsche. Es war nicht die erste deutsche Bibelübersetzung, aber Luthers Sprache und die Verbreitung durch den in dieser Zeit entstandenen Buchdruck machten sie schnell zu der populärsten Bibelübersetzung.

Luther traf mit seinen Reformbestrebungen den wunden Punkt der Zustände in der Kirche und fand viele Anhänger vor allem in Sachsen, Preußen, Niederlanden, Schweiz, Österreich, Tirol und Mähren. Durch den Buchdruck fanden seine Schriften und Ideen auch in anderen europäischen Ländern Verbreitung.

Es kam, angeregt nicht zuletzt durch Luthers Schriften, zu einem Aufstand der Bauern, der sich zu einer sozialen Massenbewegung, dem sog. Bauernkrieg (1524/25), in vielen Teilen Deutschlands entwickelte. Luther stellte sich schließlich gegen die Bauern und unterstütze die Gegenseite, die Fürsten. Die Bauernbewegung wurde niedergeschlagen, viele Bauern kehrten, enttäuscht von Luther, zur katholischen Kirche zurück.

Anlässlich des Augsburger Reichtages 1530 trug Melanchthon die *Confessio Augustana* vor, eine Bekenntnisschrift, die später für den Protestantismus als Lehrgrundlage große Bedeutung erlangte und die bis heute für evangelische Pfarrer verpflichtend ist. Auf dem Reichstag von Augsburg kam es am 25.9.1555 zum Augsburger Religionsfrieden, der die Gleichberechtigung der Katholiken und Lutheraner vorsah. Die Gleichberechtigung, das sog. *Jus reformandi* (lat. = Reformationsrecht) sah in der Praxis so aus, dass der jeweilige Landesherr die Konfession in seinem Land frei bestimmte. In jedem Land sollte es nur eine Konfession geben. Die Untertanen dagegen mussten die Konfession ihres Landesherrn annehmen oder auswandern (lat. *cuius regio, eios religio* = wessen Herrschaftsgebiet, dessen Religion).

Die Spannungen zwischen protestantischen und katholischen Ländern führten schließlich zum Dreißigjährigen Krieg, genannt nach seiner langen Dauer von 1618 bis 1648. Zunächst war es ein Krieg zwischen den Konfessionen, der sich dann zu einer europäischen Machtauseinandersetzung entwickelte.

In England hatte die Reformation weniger religiöse als vielmehr politische Gründe, weil der Papst 1533 nicht der Bitte König Heinrichs VIII. (1509–1547) nachkam, dessen Ehe mit Katharina von Aragon aufzulösen und die neue Ehe mit Anne Boleyn zu bestätigen. Der englische König wurde, als er doch die Scheidung und neue Ehe vollzog, von Rom exkommuniziert. Am 3.11.1534 ernannte sich König Heinrich VIII. zum alleinigen Oberhaupt der englischen Kirche. Durch Verfolgungen und Hinrichtungen der Gegner des Königs und Anhänger der katholischen Kirche, unter ihnen auch der ehemalige Lordkanzler Thomas Morus, durch die Aufhebung von Klöstern und durch die Einziehung des Kirchenbesitzes wurde die Trennung von Rom vollzogen. 1539 stellte Heinrich VIII. „Sechs Artikel des Glaubens" auf, wo er die Transsubstantionslehre, die Kommunion unter einer Gestalt, die Seelenmessen, die Ohrenbeichte, den Priesterzölibat und die Ordensgelübde bestätigte. Hierbei zeigt sich, dass in der Anglikanischen Kirche die katholischen Elemente im Bereich Liturgie sowie im Sakramenten- und Amtsverständnis überwiegen, die Theologie aber evangelisch geprägt ist.

Maria die Katholische (1551–1558) führte mit Gewalt eine Rekatholisierung durch – mit nicht weniger als 273 Hinrichtungen. Ebenfalls mit Gewalt führte ihre Nachfolgerin Elisabeth I. (1558–1603) wieder den Protestantismus ein, verfolgte aber dabei in theologischer und liturgischer Hinsicht einen Mittelweg zwischen Protestantismus und Katholizismus. Erst seit 1960 bestehen zwischen katholischer und anglikanischer Kirche offizielle Kontakte.

Reform und Gegenreformation der katholischen Kirche

Mit der Reformation hatte die katholische Kirche den größten Teil der nordischen Länder verloren und in der folgenden Zeit vorläufig nur in Südosteuropa (Italien, Spanien) eine feste Basis. Die Ereignisse der Reformation führten nun auch zu einer Reform der katholischen Kirche und zu einer Gegenreformation.

Von den Beschlüssen des Konzils von Trient (1545–1563) sind vor allem die Anerkennung der Transsubstantiations-Lehre (*Transsubtantiation* = „Wesensverwandlung" bei der Eucharistiefeier) und die Festlegung der Anzahl von sieben Sakramenten zu nennen. Das Konzil von Trient erreichte nicht sein Ziel, die Einheit des Glaubens wiederherzustellen. Die Gegensätze wurden eher noch vertieft. Anderseits verhalf das Konzil der katholischen Kirche zur Festigung ihrer Identität und zu ihrer Erneuerung als „römisch-katholische" Kirche.

Nicht nur das Konzil von Trient, sondern auch der Jesuitenorden war ein wichtiger Faktor der katholischen Erneuerung. Der Gründer des Ordens der Jesuiten bzw. der „Gesellschaft Jesu" (= *Societas Jesu*, abgekürzt SJ) war der Spanier Ignatius von Loyola (1491–1556). Loyola verstand die Nachfolge Christi, geprägt durch seine militärische Vergangenheit, als Kampf und Dienst für das Reich Gottes. Die Jesuiten wirkten vor allem als Gelehrte und Erzieher und versuchten an Schulen, Priestersemina-

Petersdom bzw. „Papstbasilika“ in Rom, die von Konstantin über dem vermutlichen Grab des Apostels Petrus erbaut wurde.

ren und Universitäten eine geistliche und weltliche Elite für die katholische Kirche im Sinne der Gegenreformation heranzubilden. Ziele waren dabei sowohl die humanistische Bildung als auch eine vertiefte Frömmigkeit, die Kirche und Staat neu prägen sollten. Jesuiten waren als Erzieher, Berater und Beichtväter von Fürsten- und Herrscherhäuser tätig, aber auch bedeutende Missionare gingen aus dem Jesuitenorden hervor, so z. B. Franz Xavier als Missionar in Indien und Japan. Die Jesuitenmission zeichnete sich durch ihre Toleranz gegenüber den autochthonen Kulturen und Religionen aus (der sogenannten Akkomodation), die schließlich 1742 verboten wurde. Die Jesuiten waren auch die Propagandisten des neuen Kunststiles des Barock, als Ausdruck des wiedererlangten Machtbewusstseins der katholischen Kirche.

Die Aufklärung: Der Weg in die Moderne

Mit dem Ziel einer auf Vernunft, Freiheit und Natürlichkeit basierenden Gesellschaft legte die Aufklärung die Grundlage für die Moderne. Sie stellte das Christentum als Norm des gesellschaftlichen Lebens erstmals in Frage. Die Aufklärung wollte den Menschen aus seiner „selbstverschuldeten Unmündigkeit“ (so Kant) dazu führen, „sich seines Verstandes ohne Leitung eines anderen zu bedienen“. Dabei wurde auch Religionskritik am Autoritäts- und Offenbarungsglauben vor allem der katholischen Kirche geübt. Stattdessen strebte man eine „natürliche Religion“ (J. Bodin, H. E. of Cherbury), eine „Religion in den Grenzen der bloßen Vernunft“ (Kant) an, war also nicht prinzipiell religionsfeindlich. Hauptvertreter der Aufklärung waren u. a. Hume, Locke, Voltaire, Leibniz, Kant und Lessing. Folgen der Aufklärung sind die Abschaffung der Hexen- und Ketzerprozesse, religiöse Toleranz, die Menschenrechte, die mit der Unabhängigkeitserklärung der USA 1776 und der Deklaration der französischen Nationalversammlung 1789 begründet wurden und schließlich die freie Entwicklung der Wissenschaft. Die Ideen der Aufklärung, der französischen Revolution und Säkularisation (= allgemein „Verweltlichung“, historisch die Aufhebung kirchlicher Institutionen und letztlich die Trennung von Staat und Religion) und fanden durch die Eroberungen und Kriege von Napoleon Bonaparte in Europa weite Verbreitung. Mit Papst Pius VII. schloss er am 15.7.1801 ein erstes Konkordat (= völkerrechtlich verbindlicher Vertrag zwischen dem Heiligen Stuhl und einem Staat zur Regelung kirchlich-staatlicher Belange) zur Wiederherstellung der Ordnung in Frankreich.

Die Anpassung an die Moderne war für die Kirchen eine mehr oder weniger schwierige Aufgabe. Vor allem die katholische Kirche wurde vom Antimodernismus als Gegenreaktion zur Aufklärung bis in die zweite Hälfte des 20. Jh. bestimmt.

Panorama: Lehre, religiöse Traditionen und Lebenspraxis

Lehre

Jesus verkündete die Botschaft von der Herrschaft Gottes, die nahe sei und deshalb Umkehr und Buße verlange, sowie das damit verbundene Doppelgebot der Liebe zu Gott und dem Nächsten: „Die Zeit ist erfüllt, das Reich Gottes ist nahe. Kehrt um, und glaubt an das Evangelium!“ (Mk 1,16) und ebenso „Du sollst den Herrn, deinen Gott lieben mit ganzem Herzen, mit ganzer Seele und mit all deinen Gedanken. Das ist das wichtigste und erste Gebot. Ebenso wichtig ist das zweite: Du sollst dei-

Weltmission und der Weg zur Weltkirche

Die *Mission* (lat. = Sendung), d. h. die Verbreitung des Christentums unter Andersgläubigen, wird mit dem entsprechenden Auftrag Jesu im Neuen Testament begründet (Joh 17,18; 20,21; Mt 28,18; Lk 24,47; Apg 1,8). Mitte des 15. Jh. begann das Zeitalter der Entdeckungen und Eroberungen fremder Kontinente. Spanien und Portugal waren die dabei führenden Länder. Papst Alexander VI. teilte 1493 mit der Bulle *Inter ceterae* die ganze noch unentdeckte Welt durch eine Linie im Atlantik in zwei Teile auf: in eine Westhälfte, die er den Spaniern zusprach, und eine Osthälfte, die er den Portugiesen übergab. Legitimiert war diese päpstliche Weltaufteilung mit einem Missionsauftrag, die Mission wurde somit der spanischen und portugiesischen Krone übergeben. Verbunden war damit sozusagen ein Freibrief zur Eroberung und Inbesitznahme der neu entdeckten Kontinente. Die Portugiesen drangen nach Afrika, Brasilien, Indien, China und Japan vor. Die Spanier entdeckten und eroberten Mittel- und Südamerika sowie Teile Nordamerikas. Mission, Eroberung und wirtschaftliche Ausbeutung der einheimischen Bevölkerung waren eng miteinander verbunden.

Für die autochthone Bevölkerung bedeutete dies Unterdrückung, Schrecken, Gewalt und Ausbeutung. So gut wie keiner der Missionare kritisierte diese Zustände oder kämpfte gar dagegen. Als einzige hervorragenden Ausnahmen sind Bartolomé de Las Casas (1474–1566) und Petrus Claver (1580–1654) zu nennen, die sich für eine bessere Behandlung der Indianer bzw. Afrikaner energisch einsetzten. ■

Die Jungfrau von Guadelupe, Gnadenbild in der „Basílica" von Mexico City. Beispiel für die Verschmelzung von christlicher und indianischer Religion nach der Mission, da die Basilica über den ehemaligen Tempel der aztekischen Erdgöttin erbaut wurde.

nen Nächsten lieben wie dich selbst." (Mt 22,37f). Entscheidend für seine Jünger und das spätere Christentum ist das Verständnis Jesu als Christus (griech. *christos* = Gesalbter, das dem hebräischen Wort Messias entspricht) und als Sohn Gottes. Im Frühjudentum, während der Zeit Jesu, ist die Messiasvorstellung und -erwartung sehr vielfältig. Jesu Selbstverständnis als Messias ist umstritten, da er den Titel selbst nicht verwendete und auch nicht auf sich anwenden ließ. Allerdings sah er sein Wirken als Teil der kommenden Gottesherrschaft.

Die „heilige Schrift" des Christentums, das zu den sog. Buchreligionen zählt, ist die Bibel (von griech. *biblion* = Buch). Die Bibel besteht zum einen aus dem Alten Testament, den jüdischen Schriften bzw. der Tora in hebräischer Sprache und zum anderen aus dem Neuen Testament in griechischer Sprache. Das Neue Testament besteht aus den vier Evangelien des Matthäus, Markus, Lukas und Johannes, die das Leben und Wirken Jesu darstellen, der Apostelgeschichte, die die Ereignisse und Entwicklungen der christlichen Urgemeinde nach dem Tode Jesu beschreibt, den Briefen des Paulus, Jakobus, Petrus, Johannes und Judas an die ersten christlichen Gemeinden und der Offenbarung bzw. Apokalypse des Johannes. Die Schriften der Bibel stammen aus verschiedenen Zeiten und von verschiedenen Autoren. Die Zusammenstellung der Schriften zum Kanon – d. h. zu einer Schriftensammlung, die nicht mehr verändert und der nichts mehr hinzugefügt werden darf – erfolgte verhältnismäßig spät: Das Alte Testament wurde in seiner endgültigen Fassung im 1. Jh. n. Chr., das Neue Testament erst im 4. Jh. n. Chr. kanonisiert. Die nicht in den Kanon aufgenommenen Schriften bezeichnet man als Apokryphen.

In der Auseinandersetzung des frühen Christentums mit den Religionen und religiösen Bewegungen der Umwelt – wie z. B. mit Gnosis, Manichäismus oder Mysterienkulten sowie mit den philosophischen Bewegungen der hellenistischen Kultur nach außen und den verschiedenen christlichen Glaubenslehren nach innen – gewann die Kirche durch die Besinnung auf das Eigene immer stärker an Profil und Einheit. Gleichzeitig übernahm das Christentum aber auch Ideen und Elemente der hellenistischen Tradition, so z. B. die Vorstellung des leidenden, sterbenden und wiederauferstehenden Gottes aus den Mysterienkulten oder vom Mythras-Kult die Idee des *Sol Invictus*, des unbesiegbaren Sonnengottes, die man auf Christus übertrug.

Der Streit um die richtige Lehre in der frühen Kirche: Arianismus, Nestorianismus, Donatismus und Pelagianismus

Auch durch innerkirchliche Auseinandersetzungen gewann das Christentum sein Profil. Dabei ging es vor allem um die Trinitätslehre bzw. die Frage des Verhältnisses zwischen Gottvater, Jesus Christus und dem Heiligen Geist und um die Christologie bzw. die Frage, ob Jesus mehr göttlicher oder mehr menschlicher Natur ist. Diese Fragen standen im Vordergrund der frühen Ökumenischen Konzile in Nicäa, Konstantinopel, Ephesus und Chalcedon. Diese Konzile waren Versammlungen der gesamten Kirche und behandelten Fragen, die die gesamte Kirche betrafen. Die Ergebnisse wurden dann von der gesamten Kirche angenommen, daher die Bezeichnung „ökumenisch". Der Weg zu den einheitlichen Beschlüssen der Konzile aber war nicht immer leicht. So gab es eine Reihe von Bewegungen, die zu Lehrstreitigkeiten führten, wie z. B. den Arianismus, den Nestorianismus, den Donatismus oder den Pelagianismus.

Der Arianismus geht auf den Presbyter Arius (gest. 336) aus Alexandrien zurück und führte während des ganzen 4. Jh. zu innerkirchlichen Streitigkeiten. Arius lehrte, dass Christus nicht wesensgleich mit

Dom in Trier, die älteste Kirche Deutschlands, deren ersten Bau Kaiser Konstantin veranlasste.

Gottvater, sondern diesem untergeordnet sei (die sog. Subordinationslehre). Gottvater ist nach Arius ungezeugt, nicht geschaffen, ohne Anfang, ewig und somit wahrer Gott. Dem Sohn kommen diese Eigenschaften nicht zu, er ist gezeugt und geschaffen. Der Arianismusstreit wurde 381 mit dem Konzil von Konstantinopel beendet, wo sich die gesamte Kirche auf das, gezielt gegen den Arianismus erweiterte, „Große Glaubensbekenntnis“ einigte. Dabei wurde betont: Gott ist ein Wesen (*ousia*) in drei Existenz- bzw. Erscheinungsweisen (*hypostaseis*), bezeichnet als Dreifaltigkeit. Der Arianismus konnte sich aber dennoch bis ins 6. Jh. behaupten, vor allem auch bei den germanischen Goten und Vandalen.

Der nach Nestorius (gest. um 451) benannte nestorianische Streit um die Christologie verlief zeitlich und inhaltlich parallel neben dem Arianismusstreit um die Trinitätslehre. Es ging um die Frage nach der Natur bzw. dem Wesen Jesu. Als Antwort gab es drei Möglichkeiten: mehr menschlich, nur göttlich und sowohl göttlich als auch menschlich. In dem christologischen Streit standen sich die Schulen von Antiochien und Alexandrien gegenüber. Die Schule von Antiochien vertrat die Lehre des Nestorius, die die menschliche Natur Jesu betonte, auch wenn sie die göttliche Natur Jesu nicht leugnete. Daher lehnte Nestorius auch die Bezeichnung Marias als Gottesgebärerin ab. Die Schule von Alexandrien hingegen vertrat die Lehre des Monophysitismus von der einen, der göttlichen Natur Christi. Kaiser Theodosius II. berief zur Klärung des Streites 431 ein Konzil nach Ephesus ein. Aber erst 451 auf dem Konzil von Chalcedon (heute ein Stadtteil von Istanbul), dem größten und letzten Konzil der gesamten Kirche, wurde der Streit entschieden: Danach ist Christus eine Person in zwei Naturen, der göttlichen und menschlichen. Obwohl damit die radikalen Standpunkte abgelehnt wurden, war dieses Bekenntnis nicht einheitlich anerkannt. So blieb z. B. die koptische Kirche bei ihrer monophysitischen Einstellung und spricht selbst von Miaphysitismus. Die Nestorianer hatten außerhalb des Römischen Reiches als Kirche mit ihren Missionen bis Indien (Thomaschristen) und China Erfolg.

Begründer des Donatismus war Donatus (gest. um 355), der vor allem von Cäcilian und Augustinus bekämpft wurde. Nach der Lehre des Donatus ist die Spendung der Sakramente nur dann gültig, wenn derjenige, der sie spendet, ein volles Mitglied der kirchlichen Gemeinschaft und kein abtrünniger Geistlicher ist. Damit wird die sittliche Qualität des Spenders über die Kraft des Sakramentes gestellt.

Der Pelagianismus lehnte ferner die Vorstellung von der Erbsünde ab und vertrat den Standpunkt, dass der Mensch von Natur aus gut und fähig ist, durch sein eigenes Handeln das Heil zu erlangen.

Als bedeutendster Theologe der Westkirche vertrat Augustinus eine Prädestinationslehre, ferner die leibfeindliche Verbindung von Erbsünde und Sexualität sowie die Idee der Zwangsbekehrung. Damit beeinflusste er die Theologie bis heute maßgeblich. Seine beiden bekanntesten Werke sind „Bekenntnisse" (*Confessiones*), eine Autobiografie bis zu seinem Übertritt zum Christentum, und „Vom Gottesstaat" (*De civitate Dei*), eine heilsgeschichtliche Deutung der Menschheitsgeschichte als Kampf zwischen Glauben und Unglauben.

Im 11. Jh. entwickelte sich die Theologie zur Wissenschaft. Beispiel dafür ist die Scholastik (ca. 850–1350), die neben der Bibel auf den Schriften der Kirchenväter (vor allem Augustinus) und der antiken griechischen Philosophie (vor allem Aristoteles) basierte. Die Hochscholastik im 13. Jh. bildete den Höhepunkt. Als Hauptvertreter der Scholastik sind zu nennen: Anselm von Canterbury, der „Vater der Scholastik" (1033–1109), Petrus Abaelard (1079–1142), Albertus Magnus (ca. 1200–1280), sein Schüler Thomas von Aquin (1225–1274), dessen Hauptwerk *Summa Theologica* eine Gesamtdarstellung der christlichen Theologie ist, Johannes Bonaventura (gest. 1274) und Johannes Duns Scotus (gest. 1308). Die Scholastik war der Versuch einer allumfassenden, philosophisch-theologischen Welt- und Glaubenserkenntnis. Thematisch ging es vor allem um die Frage, ob Vernunft oder kirchliche Autorität als Grundlage der Wahrheit zu gelten hat. Dies führte später zu einem neuen Selbstverständnis des Menschen mit der Betonung seiner Freiheit und Individualität sowie der Trennung von Philosophie und Theologie, die bis heute in der katholischen Theologie nachwirkt. Im Zuge der Scholastik entstanden in Europa die Universitäten als selbständige Institutio-

Thomas von Aquin, bekanntester Vertreter der Scholastik. Fresko in S. Marco, Florenz.

nen, zuerst in Paris 1200 (Sorbonne), dann in Padua, Neapel, Oxford, Cambridge, Valencia, Salamanca und im 14. Jh. in Prag, Wien, Heidelberg und Köln.

Das katholische Christentum

Grundlage des römisch-katholischen Christentums sind die Heilige Schrift und die Tradition. Der Papst ist die höchste Lehrautorität und gilt als Nachfolger des Apostels Petrus und als Stellvertreter Christi auf Erden. Der Kirche kommt ein hoher Stellenwert zu aufgrund ihrer Aufgabe der Vermittlung von Heil und Gnade und der Sakramente. Dabei nehmen die Geistlichen wie Bischöfe, Priester oder Mönche eine zentrale Rolle ein und unterscheiden sich aufgrund ihres Amtes substantiell bzw. wesenhaft von den Laien. Das zentrale Ereignis der Messe ist die Eucharistie, die als *Transsubstantiation* (= Wesensverwandlung) von Brot und Wein in Fleisch und Blut Christi verstanden wird. Die katholische Kirche kennt, ebenso wie die orthodoxe Kirche, sieben Sakramente, d. h. als Zeichen verstandene Weihehandlungen, die die Gnade Gottes vermitteln: Taufe, Firmung, Eucharistie, Buße, Letzte Ölung, Priesterweihe und Ehe. Die katholische Kirche ist ferner durch Marien- und Heiligenverehrung gekennzeichnet.

Für die katholische Kirche der Gegenwart sind die zwei Vatikanischen Konzile entscheidend. Das Erste Vatikanische Konzil 1869 unter Papst Pius IX. ist gekennzeichnet durch die Abgrenzung vom Modernismus, die sich z. B. im Dogma der Unfehlbarkeit des Papstes in Fragen des Glaubens und der Moral zeigt. Das Zweite Vatikanische Konzil (1962–1965) unter Papst Johannes XXIII. betonte die Religionsfreiheit, die Ökumene, den Dialog der Religionen, die Beteiligung der Laien und führte die Messe in der Landessprache ein. Bis heute ist die katholische Kirche durch zwei Tendenzen gekennzeichnet: die Öffnung zur gegenwärtigen Zeit und ihren Problemen auf der einen Seite und die Berufung auf die Tradition und Abgrenzung zur Moderne auf der anderen Seite.

Das protestantische Christentum

Luther kam aufgrund von Röm 1,17 („Der Gerechte wird leben aus dem Glauben") – in Abgrenzung und im Unterschied zur römisch-katholischen Kirche – zu der Erkenntnis des dreifachen *Sola* (lat. = allein):

1. *Sola gratia*: Allein durch Gnade ist der Mensch gerechtfertigt, nicht durch seine Werke.
2. *Sola fide*: Allein durch Glaube bzw. gläubiges Vertrauen erlangt der Mensch Heil und Erlösung, nicht durch die Kirche und die Sakramente (auch Fiduzialglaube genannt, von lat. *fiducia* = Vertrauen).
3. *Sola scriptura*: Allein die heilige Schrift ist die Basis des Glaubens und der theologischen Erkenntnis, und nicht die Tradition.

Weitere Unterschiede zur römisch-katholischen Kirche sind die Idee des allgemeinen Priestertums und die Beschränkung auf zwei Sakramente – Taufe und Abendmahl – statt sieben. Darüber hinaus stellte Luther die kirchliche Autorität des Papstes in Frage.

Ulrich Zwingli (1484–1531) bzw. Huldrych Zwingli, wie er sich selber später nannte, war der Reformator Zürichs und letztlich des größten Teiles der Schweiz. Von Luther unterschied sich Zwingli besonders bezüglich der Auffassung des Abendmahles. Während Luther zwar die katholische Auffassung von der realen Umwandlung des Brotes und Weines in Leib und Blut Christ ablehnte, aber die reale Präsenz Christi beim Abendmahl betonte, verstand Zwingli das Abendmahl ausschließlich symbolisch.

Taufbecken in St. Jakobi, Peine. Bronze, 2. Hälfte 16. Jahrhundert.

Johannes Calvin (1509–1564) betonte im Unterschied zu den anderen Reformatoren den Glauben als Zeichen der Erwählung. Wer dem Glauben gemäß lebe, bewähre sich im irdischen Leben, habe Erfolg und sei so zum ewigen Leben erwählt. Diese Idee der Auserwählung ist für die Calvinisten die Antriebskraft im Alltags- und Berufsleben.

Eine Sonderform des Protestantismus ist der Pietismus (von lat. *pietas* = Frömmigkeit), der seinen Höhepunkt in der Zeit zwischen 1690 und 1730 hatte. Hauptvertreter des Pietismus waren Philipp Jakob Spener (1635–1705), August Hermann Francke (1663–1727) und Nikolaus Graf von Zinzendorf (1700–1760). Der Pietismus ist gekennzeichnet durch die innere Glaubenserfahrung und die Forderung, den Glauben zu leben und zu praktizieren, er betonte ferner die Offenbarung durch die Heilige Schrift sowie die Wiedergeburt durch den Glauben (Bekehrung) und war häufig durch die Naherwartung der Wiederkunft Christi geprägt. Der Pietismus verstand sich als Vollendung der Reformation und kritisierte die lutherische Orthodoxie. Er verbreitete sich über Deutschland hinaus bis Nordamerika. In England entwickelte sich nach pietistischem Vorbild der Puritanismus. In Nordamerika waren die Erweckungsbewegungen stark vom Pietismus beeinflusst. Hier entstand auch der Neupietismus.

Der Pietismus war der Wegbereiter für die zahlreichen evangelischen Freikirchen, die heute vor allem die christliche Religion in den USA prägen. Diese Freikirchen unterscheiden sich von den Großkirchen in ihrer Unabhängigkeit bzw. „Freiheit" vom Staat, weniger in Organisation und Dogma. Sie zeichnen sich generell durch den Wunsch nach Intensivierung und Erneuerung des religiösen Lebens aus sowie durch die Betonung der inneren Glaubenserfahrung, daher werden die vielen Freikirchen auch als Erweckungsbewegungen bezeichnet. Ferner wird je nach Ausrichtung das Gemeindeleben, das rechte Tun oder die rechte Lehre betont. Als Freikirchen sind vor allem zu nennen – in der Reihenfolge ihrer weltweiten Mitgliedsstärke: Pfingstbewegung, Methodisten, Baptisten, Mormonen, Neuapostolische Kirche, Siebenten-Tags-Adventisten, Zeugen Jehovas, Heilsarmee, Mennoniten, Herrnhuter Brüdergemeinde (Evangelische Brüder-Unität) und Quäker.

Das orthodoxe Christentum

451 kam es auf dem Konzil von Chalcedon zur ersten Spaltung der Kirchen. Die byzantinische Kirche von Konstantinopel und die Westkirche von Rom folgten den Entscheidungen des Konzils, während die orientalischen Kirchen diese ablehnten. Dabei ging es um die Frage der göttlichen und menschlichen Natur Jesu. Nach dem Konzil von Chalcedon ist Jesus durch zwei Naturen, eine göttliche und eine menschliche, gekennzeichnet. Die altorientalischen Kirchen vertreten im Unterschied dazu einen Monophysitismus, der die göttliche Natur Jesu hervorhebt.

Nach Differenzen und Konkurrenzstreitigkeiten zwischen Rom und Konstantinopel vor allem über das Primat des Papstes in Rom oder das *Filioque* im Glaubensbekenntnis – beides lehnte die Ostkirche ab – kam es 1054 zum Schisma, zur endgültigen Trennung zwischen der Westkirche von Rom und der Ostkirche von Konstantinopel. Hintergrund des Schismas von 1054 war die religiöse und politische Rivalität zwischen Ost und West. Es waren letztlich die Unterschiede zweier Kulturen, der byzantinisch-orientalischen mit griechischer Liturgiesprache und der westlich-abendländischen mit der lateinischen Liturgiesprache. Das Glaubensbekenntnis der orthodoxen Kirche gleicht dem der katholischen und evangelischen Kirche mit Ausnahme des *Filioque*: Der entscheidende „andere" Satz lautet im orthodoxen Bekenntnis „Ich glaube an den Heiligen Geist, der aus dem Vater hervorgeht." In der katholischen und evangelischen Version lautet er: „Ich glaube an den Heiligen Geist, der aus dem Vater *und dem Sohn* hervorgeht."

Basiliuskathedrale in Moskau.

Heute bestehen die orthodoxen Kirchen aus zwei großen Gruppen:

- den Orthodoxen Kirchen in byzantinisch-griechischer Tradition, die die Beschlüsse des Konzils von Chalcedon annahmen und
- den Orientalischen Orthodoxen Kirchen in nicht-chalcedonischer Tradition (sie lehnten die Beschlüsse des Konzils von Chalcedon ab und vertreten stattdessen einen Monophysitismus). Zu ihnen gehört u. a. die Koptische Kirche.

Zum Überblick über die christlichen Kirchen:

CHRISTLICHE KIRCHEN - ÜBERBLICK

Römisch-Katholische Kirche

Protestantische Kirchen

- Lutherische Kirche
- Reformierte Kirche
- Evangelisch-Unierte Kirche
- Anglikanische Kirche
- Freikirchen

Freikirchen (Beispiele)

- Pfingstbewegung
- Baptisten
- Methodisten
- Quäker
- Mormonen
- Neuapostolische Kirche
- Sieben-Tags-Adventisten
- Zeugen Jehovas
- Heilsarmee
- Herrnhuter Brüdergemeine

Orthodoxe Kirchen

Orthodoxe Kirche (chalcedonisch, byzantinisch)

Orth. Kirche von Konstantinopel, Alexandria, Antiochien und Jerusalem sowie die orth. Kirchen von Russland, Serbien, Rumänien, Bulgarien, Georgien, Zypern, Griechenland, Polen, Albanien, Tschechien Slowakei, Finnland und Estland

Orientalische Orthodoxe Kirchen (nicht-chalcedonisch)

- Koptische Kirche
- Äthiopische Kirche
- Syrisch-Orth. Kirche (westsyrische Kirche)
- Hl. Apostolische und Katholisch-Assyrische Kirche des Ostens (ostsyrische Kirche)
- Armenische Apostolische Kirche
- Indisch-Orth. Kirche

VERGLEICH LUTHERISCHE UND RÖM.-KATH. KIRCHE

	Lutherische Kirche	Röm.-Katholische Kirche
Papst	**Ablehnung des Papstamtes**	**Papst als Lehrautorität**
Glaubens-grundlagen	*Sola sriptura:* Allein die Heilige Schrift ist die Basis des Glaubens	Heilige Schrift und Tradition sind die Grundlage des Glaubens
	Sola gratia: Allein durch Gnade ist der Mensch gerechtfertigt, nicht durch seine Werke	Werke und Verdienst führen zum Heil
	Sola fide: Allein durch Glaube erlangt der Mensch Heil und Erlösung, nicht durch die Kirche und Sakramente	Vermittlung von Heil und Gnade durch die Kirche und die Sakramente
Abendmahl/ Eucharistie	Gegenwart Jesu bei der Feier des Abendmahles	Transsubstantiation = „Wesensverwandlung" von Brot und Wein in Fleisch und Blut Christi in der Eucharistie
Priestertum/Laien/ Klerus	Allgemeines Priestertum der Laien/Heirat für Geistliche möglich/Frauenordination/ordensähnliche Gemeinschaften	Priesterweihe = Sakrament → Priester unterscheidet sich substantiell vom Laien/Zölibat für Klerus/keine Frauenordination/Mönchtum
Sakramente	2 Sakramente: Taufe und Abendmahl	7 Sakramente: Taufe, Firmung, Eucharistie, Buße, Letzte Ölung, Priesterweihe und Ehe
Heiligen- und Marienverehrung	Ablehnung	Heiligen- und Marienverehrung

Kult und Lebenspraxis

Die Feier des letzten Abendmahles Jesu vor seinem Tod ist seit dem frühen Christentum zentraler Teil der Liturgie des christlichen Gottesdienstes. Der christliche Gottesdienst ist die Erinnerung an das letzte gemeinsame Mahl, das Jesus mit seinen Jüngern am Abend vor seiner Kreuzigung einnahm und wobei er den Auftrag gab, dieses Abendmahl zu seinem Gedächtnis zu wiederholen. Traditionell geht es auf das jüdische Paschamahl zurück.

Damit verbunden ist Ostern, das wichtigste Fest im Christentum, das Fest der Auferstehung Jesu Christi. Das Datum folgt dem Mondkalender und fällt auf den Sonntag nach dem ersten Frühlingsvollmond. Am Donnerstag („Gründonnerstag") vor Ostern wird das letzte Abendmahl Jesu gefeiert, am Tag darauf, am Karfreitag, der Tod Jesu durch die Kreuzigung und in der Nacht von Samstag auf Ostersonntag die Auferstehung Christi. Pfingsten (griech. *pentekoste hemera* = „fünfzigster Tag" nach Ostern) geht auf das *Schawuot*-Fest im Judentum (Erntedankfest im Mai/Juni, sieben Wochen nach *Pascha*) zurück. Es ist neben Ostern und Weihnachten das wichtigste Fest und gilt der Erinnerung an die Ausgießung des Heiligen Geistes über die Apostelgemeinde zu Jerusalem, deren Mitglieder sich daraufhin in unterschiedlichen Sprachen unterhielten und somit bei den Heiden missionieren konnten.

Weihnachten ist das Fest der Geburt Christi. Es wurde ursprünglich von allen Christen einheitlich am 6. Januar begangen (*Epiphanias*), im Westen um die Mitte des 4. Jh. aber auf den 25. Dezember verlegt. Dieses Datum war traditionell der Geburtstag des als Sonnengott *Sol Invictus* verehrten Mithras (Wintersonnenwende). Der Osten hielt weiterhin am ursprünglichen Datum, dem 6. Januar, fest. An diesen Tag hatte man bereits in vorchristlicher Zeit den Geburtstag des Dionysos gefeiert. Weihnachten entwickelte sich erst seit dem 16. Jh. – zunächst im evangelischen Bereich – zur Familien- und Hausfeier mit den heute bekannten Weihnachtsbräuchen wie Bescherung, Weihnachtsbaum etc.

Grundlage der orthodoxen Kirche ist neben der Heiligen Schrift und der Tradition vor allem die Liturgie, d. h. die Feier der Eucharistie. Kennzeichnend für die orthodoxe Kirche sind die Marien- und Heiligenverehrung sowie die Ikonenverehrung. Die Ikone repräsentiert in der orthodoxen Kirche nicht, wie nach dem sog. Bilderstreit festgestellt, das Wesen Christi oder der Heiligen, sondern deren äußere Gestalt und ist somit ein Verweis auf das Göttliche. Die Ikone ist ein Tor zu Gott, das Gott erfahrbar macht. Oder, wie Johannes von Damaskus es formulierte: „Die Ikone ist also ein Ebenbild, das auf das Urbild hinweist und sich von ihm doch unterscheidet.“ Kennzeichnend für den orthodoxen Kirchenbau ist, dass sich vor dem Altar eine Ikonostase, eine Bilderwand, befindet, die den Altar verdeckt. Die Bilder der Ikonostase folgen in ihrer Darstellung einer genau festgelegten Reihenfolge.

Ausblick und Fazit

Während heute die Anhängerzahl des Christentums in Europa zurückgeht, wächst sie in Afrika und Asien. Vor allem die römisch-katholischen Gemeinden stehen in Europa vor dem Problem zwischen Anpassung an die moderne Zeit oder Bewahrung der Tradition, das sich symptomatisch z. B. im Rückgang der Mitglieder oder Priestermangel zeigt und Fragen nach Veränderungen und Neustrukturierungen aufwirft. Dies versucht die römisch-katholische Kirche derzeit durch einen konservativen Kurs und die Aufgabe einiger Ziele des II. Vatikanischen Konzils zu lösen. Verbunden mit dem verstärkten Austritt von Kirchenmitgliedern in Europa besteht die Gefahr der Unterwanderung der katholischen Kirche durch fundamentalistisch eingestellte Kreise. Nach dem Ende der Sowjetunion erlebte die Orthodoxe Kirche wieder einen Aufschwung. In der evangelischen Christenheit reicht die Spannbreite von fundamentalistischen Tendenzen bis hin zu einer mehr oder weniger großen Öffnung für die Probleme der modernen Zeit. So ist das Christentum in den USA heute zwar einerseits durch einen religiösen Pluralismus, anderseits aber auch

Ikonostase vor dem Altar in San Giorgio dei Greci, Venedig.

Das Abendmahl, Gemälde von Leonardo da Vinci.

durch die protestantische evangelikale Bewegung und ihren Fundamentalismus geprägt.

Das heutige Christentum ist nicht zuletzt durch die Fragen und Probleme der Ökumene charakterisiert. Ökumene ist das gemeinsame, weltweite Zusammenwirken aller christlichen Kirchen mit dem Ziel einer Gemeinschaft von Kirchen, nicht aber einer Einheitskirche. Es geht dabei um das gemeinsames Handeln der Konfessionen gegenüber den Weltproblemen wie Friede oder Globalisierung. Repräsentiert wird die Ökumene durch die Organisation des Ökumenischen Rates der Kirchen (ÖRK) bzw. des Weltkirchenrates (World Council of Churches, WCC). Mitglieder des Weltkirchenrates sind die meisten evangelischen Kirchen einschließlich der anglikanischen Kirchen, die altkatholische Kirche sowie die orthodoxen und altorientalischen Kirchen. Die römisch-katholische Kirche ist nicht Mitglied im Weltkirchenrat, arbeitet aber mit dem Weltkirchenrat zusammen und ist Mitglied in zwei Kommissionen des Weltkirchenrates.

In der heutigen Zeit stellt sich auch die grundsätzliche Frage nach dem Verhältnis von Religion und Politik. Nimmt man das Beispiel Christentum in Europa, so ist die Situation uneinheitlich: Es gibt Staatskirchen in europäischer Tradition in England, Norwegen und Dänemark, ein Kooperationsmodell in Deutschland und Österreich oder

Altenberger Dom, Bergisches Land. Ehemals Kirche eines Zisterzienserklosters, heute Simultankirche, die sowohl von der katholischen wie der evangelischen Kirche für Gottesdienste genutzt wird.

ein laizistisches System in Frankreich. Für die Orthodoxe Kirche in Russland war die „Symphonia" bzw. Harmonie zwischen Kirche und Staat schon immer ein Ideal. Dies trifft besonders auf die aktuelle Situation zu, die durch die gegenseitige Unterstützung der Orthodoxen Kirche und der russischen Regierung gekennzeichnet ist. Ebenso war und ist die christliche Religion in Form der fundamentalistisch ausgerichteten Gruppen ein wichtiger Faktor im politischen Bereich der USA.

Islam

„Ich bezeuge, dass es keine Gottheit außer Gott gibt

und dass Mohammed der Gesandte Gottes ist.“

Der Islam ist die jüngste und mit ca. 1,3 Milliarden (21 Prozent) Anhängern die zweitgrößte der hier angeführten Weltreligionen nach dem Christentum. Der Islam wurde entscheidend von Judentum und Christentum beeinflusst und ist wie diese eine monotheistische Religion. Islam (arab.) bedeutet „Hingabe“ (an den einen Gott). Von dem Wort Islam leitet sich auch die heute gebräuchliche Bezeichnung seiner Anhänger als Muslim bzw. Muslimin ab – statt der früheren vom Persischen kommenden Bezeichnung „Moslem“.

Die Bandbreite des Islams reicht von der Mystik des Sufismus mit der Betonung der Liebe zu Gott bis hin zum politischen Islam bzw. Islamismus, der heute einseitig das öffentliche Bild vom Islam prägt. Denn gerade die Islamisten sind durch ihre Aktivitäten in der Öffentlichkeit häufiger präsent als die große Mehrheit der Muslime.

Die meisten Muslime leben im asiatisch-pazifischen Raum (Indonesien und Malaysia), gefolgt vom Mittleren sowie Nahen Osten und Afrika (Nordafrika, afrikanische Ostküste). Die Länder mit der größten muslimischen Bevölkerung sind Indonesien (203 Mio.), Pakistan (174 Mio.), Indien (161 Mio.) und Bangladesch (145 Mio.). Es folgen mit Abstand die Länder Ägypten (79 Mio.), Nigeria (78 Mio.), Iran (74 Mio.), Türkei (74 Mio.), Irak (30 Mio.) und Saudi-Arabien (25 Mio.).

Geschichte

Mohammed

Mohammed (um 570–662 n. Chr.), der Religionsstifter des Islams, gilt im Islam nicht als solcher, sondern als der letzte in der Reihe von Propheten, als das „Siegel der Propheten" bzw. als der letzte „Gesandte Gottes" (*rasul Allah*). Die Reihe der Propheten beginnt mit Adam und führt über Noah, Abraham (*Ibrahim*), Jakob, Josef (*Yusuf*) und seine Brüder, Moses (*Musa*), Aaron (*Harun*), Elias, David (*Dawud*), Salomon (*Sulaiman*), Esra und Jesus (*Isa*) bis zu ihm. Im Koran fehlen biografische Angaben über Mohammed. Die älteste Biografie über ihn wurde ca. 100 Jahre nach seinem Tod geschrieben. Es ist die „Sira" von Muhammed Ibn Ishaq (704–767), die sich auf mündliche Überlieferungen stützt und nicht im Original, sondern nur in der Bearbeitung von Ibn Hischam (gest. 830) überliefert ist. Neben der „Sira" sind noch die Biografien *Kitab al-maghazi* (arab.= Buch der Feldzüge des Propheten) von al-Waqidi (744–823) und *Kitab Tabaqat* (arab.= Buch der Generationen) von Ibn Saad (784–845) zu nennen.

Die arabische Welt zur Zeit Mohammeds war geprägt durch die Kultur verschiedener Stämme, die keine geschlossene Einheit bildeten und sowohl miteinander als auch gegeneinander agierten. Die Religion dieser Stämme war polytheistisch, es wurden viele Götter und Göttinnen verehrt. Ein wichtiger Gott war Hubal, der Stadtgott von Mekka, der auch einfach nur Allah (kontrahiert *al-ilah* = der Gott) genannt wurde. Der Kultort von Hubal war die Kaaba, in dem ein Götterbild von ihm aufgestellt war. Mekka war damals ein wichtiges Handelszentrum und ein bedeutendes Pilgerziel. Es war die Stadt des Stammes der Koraischiten, zu dem auch Mohammed gehörte. Der Stamm der Koraischiten bestand aus einer Reihe von Clans (Großfamilien) – Mohammed stammte aus dem Clan der Haschim bzw. Haschimiten.

Mohammed wurde um 570 n. Chr. geboren. Wie bei anderen Religionsstiftern gibt es auch über ihn Legenden, die über Wunder und besondere Zeichen bei seiner Empfängnis, seiner Geburt, in seiner Kindheit und seinem späteren Leben berichten. Mohammeds Eltern starben früh, sein Vater Abdallah kurz nach der Hochzeit und seine Mutter Amina, als er sechs Jahre alt war. Mohammed wurde zunächst zwei Jahre von seinem Großvater und, nachdem dieser gestorben war, von seinem Onkel Abu Talib aufgezogen. Dieser Onkel Abu Talib und sein Sohn

Mohammeds Himmelfahrt. Persische Miniatur, 1436/37.

Ali, Mohammeds Vetter, zählten später zu den ersten Anhängern Mohammeds, nachdem er seine Offenbarung erhalten hatte. Zunächst war Mohammed als Kaufmann und Händler tätig. Mit 25 Jahren trat er als Karawanenführer in den Dienst der 40-jährigen reichen Witwe Chadidscha ein. Sie heiratete ihn und gebar vier Kinder, von denen aber nur die Tochter Fatima überlebte. Während der ganzen Ehe mit Chadidscha hatte Mohammed keine weitere Ehefrau, erst nach ihrem Tod soll er insgesamt neun Frauen gehabt haben.

Mit 40 Jahren empfing Mohammed erstmals bei einer Meditation in einer Nacht des Monats Ramadan, später die „Nacht der Bestimmung" genannt, auf dem Berg Hira bei Mekka seine Offenbarung. Er sah – nach anfänglichen Selbstzweifeln, aber bestärkt durch seine Frau Chadidscha – seine Aufgabe nun darin, diese Offenbarung zu vermitteln. Seine Frau Chadidscha und sein Onkel Abu Talib gehörten zu den ersten Anhängern seiner neuen Lehre. Bis zu seinem Tod 632 n. Chr. erhielt Mohammed regelmäßig Offenbarungen. Ihre zentrale Botschaft war die Verkündigung des Glaubens „an Allah und an den Jüngsten Tag", wie es in Sure 2,233 heißt. Nicht zuletzt als Kaufmann hatte Mohammed auf

Reisen auch die Religionen der Juden und Christen kennengelernt und übernahm einiges von ihnen. So ist der Monotheismus des Islams nicht ohne den Einfluss von Judentum und Christentum denkbar, und auch die Gebote des Dekalogs sowie biblische Gestalten wie Adam und Eva, Abraham, die Propheten oder die Engel wie Gabriel fanden im Islam Aufnahme. Mohammed wandte sich mit seinen Predigten auch an Juden und Christen, allerdings ohne großen Erfolg.

Die Botschaft Mohammeds stieß in Mekka auf Widerstand, denn die Stadt verdankte ihren Wohlstand nicht nur dem Handel, sondern auch den vielen Pilgern, die das Heiligtum des Stadtgottes Hubal aufsuchten, sowie die Heiligtümer anderer Götter wie die seiner Töchter al-Uzza, Lat und al-Manat. Mohammeds neue Lehre sah man in Mekka als Gefahr für diesen wirtschaftlichen Wohlstand an. Solange Mohammeds Onkel Abu Talib und seine Frau Chadidscha noch lebten, war er aufgrund von deren bedeutender Position geschützt. Als aber beide im Jahre 619 starben, wurde der Druck auf Mohammed so groß, dass er die Stadt Mekka verlassen musste.

Beduinen erinnern in ihrer Lebensweise noch heute an die Zeiten Mohammeds.

Mohammed übersiedelte mit seinen Anhängern am 22.9.622 nach Medina. Das Jahr 622, in der die *Hidschra* (= „Übersiedlung" nach Medina) stattfand, ist das Jahr eins der islamischen Zeitrechnung. Die Stadt Medina hieß damals noch *Yathrib* und wurde dann erst in *Madinat an-Nabi* (arab. = die Stadt des Propheten), kurz *al-Madina* bzw. Medina umbenannt. Mohammed und seine Anhänger wurden von zwei Stämmen in Medina, den Aus und den Chazradsch, aufgenommen, die drei anderen Stämme hatten den jüdischen Glauben angenommen. Bei den Juden von Medina stieß Mohammeds Lehre auf Ablehnung, sodass sich nun auch Mohammed deutlich von den Juden abgrenzte und den Unterschied seiner Lehre zum Judentum betonte.

In den zehn Jahren in Medina (622–632) wirkte Mohammed als geistlicher und weltlicher Führer (so z. B. als Kommunalpolitiker, Richter oder Heerführer) der Gemeinde seiner Anhänger, der *Umma*, die sich in dieser Zeit entwickelte, ausbildete und sich fast auf der ganzen Arabischen Halbinsel ausbreitete. Die islamische Gemeinschaft hatte sich von Anfang an gegen Gegner und Feinde zu wehren, sodass diese erste Ausbreitung des Islams nicht ganz ohne kriegerische Auseinandersetzungen erfolgte. Auch zwischen der islamischen Gemeinde und der Stadt Mekka gab es Kämpfe mit wechselhaftem Erfolg: Im Jahre 624 konnten die Muslime die Mekkaner, 625 die Mekkaner die Muslime besiegen. Im Jahr 630 gelang es Mohammed, Mekka friedlich in Besitz nehmen. Die Mekkaner bekehrten sich zum Islam, so auch die Familie der Umaijaden, der späteren islamischen Herrscherdynastie. Am 8.6.632 starb Mohammed in Medina – ohne einen Nachfolger oder die Art der Gemeindeführung bestimmt zu haben.

Die ersten Kalifen und die frühen Eroberungen des Islams

Abu Bakr, der Freund und Schwiegervater Mohammeds, wurde von der Mehrheit der Muslime zum ersten Kalifen (*chalifa* = „Vertreter" des Propheten) bestimmt. Eine kleine Gruppe allerdings war dagegen und betonte die Verwandtschaft mit Mohammed als Kriterium seiner Nachfolge. Nach Abu Bakr (632–634) folgten Umar (634–644) als zweiter, Uthman (644–656) als dritter und Ali ibn Ali Talib (656–661), der Vetter und Schwiegersohn Mohammeds, als vierter Kalif. Diese ersten vier Kalifen waren frühe Weggefährten und Anhänger Mohammeds, die wie er aus Mekka stammten und mit ihm nach Medina gezogen waren. Der Islam verbreitet sich unter ihrer Herrschaft schnell im Vorderen Orient, im Iran und in Ägypten.

Nach der Ermordung Alis, des vierten Kalifen, bildete sich eine Gruppe von Anhängern bzw. eine „Partei" (*Schia*) um Husain (626–680), den Sohn von Ali und Fatima, der Tochter Mohammeds. Husain starb 680 in der Schlacht bei Kerbela am Euphrat mit fast allen seinen Anhängern. Die Schiiten gedenken dieses Ereignisses alljährlich am Todestag Husains mit der *Ashura*-Feier, die sie durch ein Passionsdrama (*Taziya*) und durch ekstatische Bekundungen der Trauer, mancherorts sogar mit

Geißelungen und rituellen Selbstverwundungen verbunden, begehen. Die Schia entstand im Irak, die Städte Kufa und später Ghom (bei Teheran) waren ihre Zentren. Seit 1501 ist die Schia die Staatsreligion im Iran.

Bei den Sunniten folgte währenddessen Muawiya (661–680) als fünfter Kalif, der aus der Familie der Umaijaden stammte. Die Dynastie der Umaijaden erhielt durch das Kalifenamt eine machtvolle Stellung und konnte diese dadurch festigen, dass sie das Kalifenamt erblich machte und von 661 bis 750 innehatte. Das Zentrum der Umaijaden war Syrien mit Damaskus als Hauptstadt. Unter ihrer Herrschaft gelangten die Muslimen 711 über Nordafrika auf die Iberische Halbinsel. 732 versuchten die Muslime ins Frankenreich vorzudringen, wurden aber von Karl Martell besiegt. Fast gleichzeitig drang der Islam nach Zentralasien vor. Gegen die Umaijaden formierte sich der Widerstand der Schiiten, und eine Revolution im Ostiran beendete nicht nur die Herrschaft der Umaijaden, sondern auch des Arabischen Reiches.

Die Abbasiden waren nun ab 750 die neue Kalifendynastie. Sie stammten von Mohammeds Onkel al-Abbas ab. Das neu gegründete Bagdad wurde jetzt zur Residenz der Kalifen. 1258 endete die Abbasiden-Dynastie und damit die bisherige Einheit der islamischen Herrschaft mit dem Einfall der Mongolen. Die arabische Halbinsel mit Mekka und Medina sowie Ägypten wurden von den türkischstämmigen Mamluken beherrscht. Die Dynastie der türkischen Seldschuken herrschte in Zentralanatolien über ein Reich mit der Hauptstadt Konya. Die Safaviden führten 1501 im Iran den schiitischen Islam ein – im Unterschied zu den anderen sunnitisch-islamischen Großreichen.

Unter islamischer Herrschaft – der frühe Erfolg des Islams

Erstaunlich ist die schnelle Ausbreitung des Islam in den ersten Jahren bzw. Jahrzehnten. Mohammed konnte die Stämme der arabischen Halbinsel einigen. Schon unter dem zweiten Kalifen Umar (634–644) und zwei Jahre nach Mohammeds Tod kann sich der Islam über die Grenzen der Arabischen Halbinsel hinaus nach Palästina, Syrien bis zum Iran bzw. dem Perserreich und nach Ägypten ausbreiten. 670 wird Kairuan im heutigen Tunesien gegründet. Der Islam drang über Zentralasien bis nach Pakistan vor. Konstantinopel wurde zwar zweimal belagert (674–678 und 715–718), aber vorerst nicht von den Muslimen erobert.

Nach islamischer Auffassung hat Gott die Länder für den Islam „geöffnet", daher werden die Eroberungen auch „Öffnungen" (*futuh*, heißt auch „Sieg") genannt. Und in der Tat erfolgten die Eroberungen eher zufällig und waren weder als Mission geplant noch zentral gelenkt. Geplantes Ziel war zunächst nur, dass die Arabische Halbinsel ganz zur *Umma* gehören sollte. Der Ausbreitung des Islams über die Arabische Halbinsel hinaus wurde aber oft kein sehr großer Widerstand entgegengesetzt. Nicht selten wechselten Städte oder Regionen einfach mit einem Vertrag friedlich unter islamische Herrschaft.

Der Islam unterscheidet die nicht-islamischen Religionen bzw. die „Ungläubigen" in „Schriftbesitzer" einerseits, zu denen Juden, Christen und Parsen gehören, und andererseits den „Heiden" ohne eine heilige Schrift. Die Schriftbesitzer wurden von den Muslimen privilegiert behandelt, da sie als Schutzbefohlene galten: Gegen die Zahlung einer Kopf- bzw. Schutzsteuer standen ihr Leben und ihr Eigentum unter dem Schutz der islamischen Herrschaft, sie waren allerdings nicht gleichberechtigt. Für die Muslime war dies eine gute finanzielle Einnahmequel-

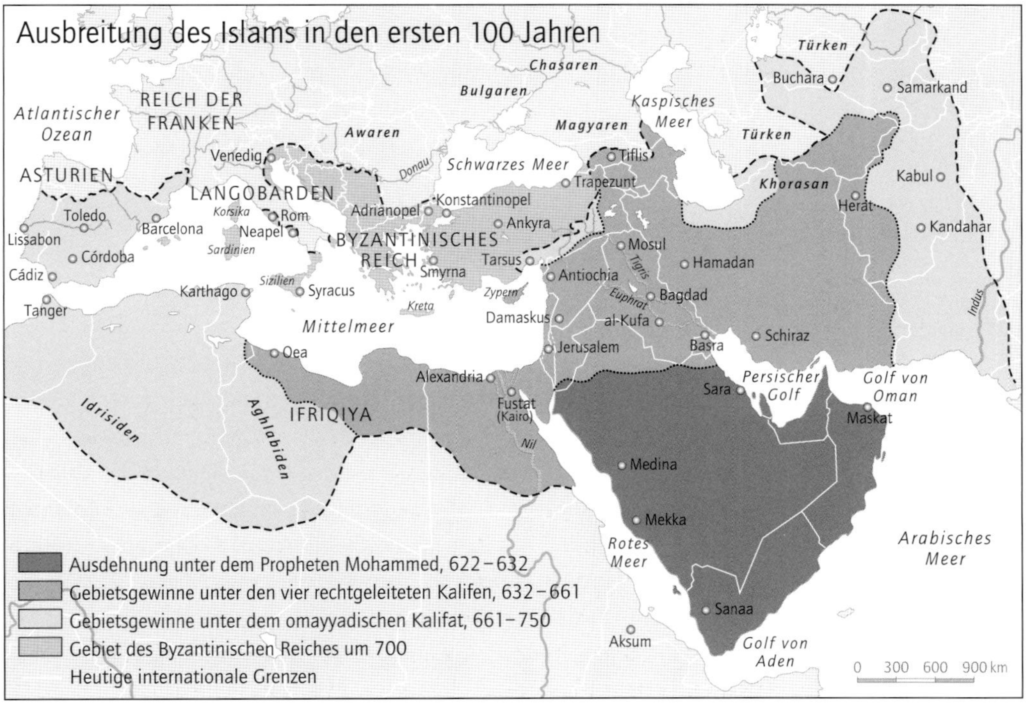

Ausbreitung des Islams in den ersten 100 Jahren.

le, daher waren sie auch nicht primär an einer Bekehrung dieser „Ungläubigen“ interessiert. Juden und Christen konnten ihre Religion zwar frei ausüben, durften dabei aber in der Öffentlichkeit nicht besonders auffallen, wie z. B. durch Mission oder Prozessionen. Dieses System des Schutzes und der Religionsfreiheit gegen einen Tribut war bis in die moderne Zeit bestimmend. Mit der Islamisierung setzte sich auch die arabische Sprache durch.

Durch den Islam wurde die im Westen „vergessene“ philosophische und naturwissenschaftliche Literatur der Antike wieder zugänglich und bekannt gemacht: In Bagdad wurden im 9. Jh. unter der Herrschaft der Abbasiden Werke der antiken griechischen Literatur, mit der die Muslime durch das Byzantinische Reich Bekanntschaft machten, ins Arabische übersetzt. Im 12. Jh. veranlasste Erzbischof Raimund von Toledo, diese ins Arabische übersetzte Literatur der griechischen Antike ins Lateinische zu übersetzen. Vor allem der Rationalismus des Aristoteles stellte sowohl für den Islam als auch für Judentum und Christentum eine Herausforderung dar. Im Judentum setzte sich Maimonides mit der Philosophie des Aristoteles auseinander, im Christentum war es Thomas von Aquin und im Islam Muhammad ibn Rushd, der unter dem Namen Averroes Einfluss auf die Philosophie des Abendlandes nahm. Im Islam blieb Ibn Rushd ohne Einfluss und wurde von der Orthodoxie verfolgt.

Die wichtigsten islamischen Dynastien und Reiche

Im Laufe der Geschichte gab es eine Reihe von islamischen Dynastien, von denen hier die bekanntesten und bedeutendsten zusammengefasst werden:

- Umaijaden (661–750), die über das erste islamische Reich herrschten (Arabien, Kleinasien, Iran, Irak, Indusgebiet, Anatolien, Nordafrika, Spanien) mit Damaskus als Residenz des Kalifen
- Abbasiden (750–1258) im Iran mit Bagdad als Residenz der Kalifen
- Fatimiden (schiitisch) in Nordafrika (909–972) und in Ägypten (969–1171) mit Kairo als Hauptstadt, die die Abbasiden nicht anerkannten
- Almoraviden in Spanien (1086–1147)
- Almohaden in Spanien (1150–1250)
- Seldschuken (türkisch, 1040–1194) im Iran, Irak, Anatolien, Syrien und Arabien

Die Alhambra zeugt noch heute von der kulturellen Blüte des Islams in Spanien. Stalaktitenkuppel in der Sala de los Abencerrajes.

- Mamluken (türkisch), in Indien (1206–1526) und Ägypten (1252–1517)
- Osmanen (1299–1923) im Nahen Osten, Kleinasien, Balkan, Krim, Nordafrika mit Konstantinopel (heute Istanbul) als Hauptstadt (seit 1453)
- Safaviden (schiitisch) in Persien (1501–1722)
- Moguln in Indien (1526–1858)

Nach den Umaijaden folgten also islamische Teilreiche in Spanien, Nordafrika, Ägypten und im Osten. Im 16. Jh. gab es drei islamische Großreiche: das osmanisch-türkische Reich von Konstantinopel (seit 1453), das Safaviden-Reich im Iran (seit 1501) und das Mogul-Reich in Indien (seit 1526).

Das Safaviden-Reich war das einzige islamische Großreich, das durch die schiitische Glaubensrichtung, genauer: durch die Imaiten bzw. die Zwölfer-Schia, bestimmt war. Die Safaviden legten somit den Grundstein dafür, dass der schiitische Islam von 1501 bis heute im modernen Iran die Staatsreligion darstellt. Unter den Safaviden erlebten die Theo-

Taj Mahal in Agra, das Shah Jahan für seine 1631 verstorbene Frau erbauen ließ.

logie, die Philosophie und vor allem die Kunst eine Blütezeit. Und es kam zu einem intensiven Handel mit Europa.

Nach Indien gelangten die Muslime erstmals 711. Seit dem Jahr 1000 unternahm Mahmud von Ghazna von Afghanistan aus mehrere Feldzüge nach Indien. Muhammad von Ghur siegte 1192 bei Delhi, sein General 1202 in Bengalen. 1206 wurde das Sultanat von Delhi gegründet, zu dessen Herrschaftsbereich zeitweise ganz Indien gehörte. Durch den Angriff von Timur Lenk 1398 wurde das Delhi-Sultanat so geschwächt, dass sich wieder hinduistische Einflüsse durchsetzten. In Zentralindien bestand von 1347 bis 1489 das Bhamani-Sultanat. Höhepunkt der islamischen Herrschaft in Indien war das Mogul-Reich von 1526 bis 1858 in Nord- und Zentralindien. Bekanntes Symbol dieser Zeit ist das Grabmal Taj Mahal in Agra, das Shah Jahan für seine 1631 verstorbene Frau erbauen ließ. Ab 1700 zerfiel das Mogul-Reich, während der Einfluss der Briten ab 1757 zunahm, bis Indien 1858 Teil des britischen Kolonialreichs wurde. Konflikte zwischen Muslimen und Hindus bestehen bis heute, trotz der Teilung nach der Unabhängigkeit Indiens 1947 in Indien mit überwiegend hinduistischer und Pakistan mit mehrheitlich islamischer Bevölkerung.

Islamismus

Die Zeit der Fremdherrschaft der europäischen Kolonialmächte und die damit verbundene wirtschaftliche Ausbeutung führten in den islamischen Ländern zu gesellschaftlichen Veränderungen, die als Krise erlebt wurden. Die Folge war eine Rückbesinnung auf die eigene islamische Tradition – mit Ausnahme der Türkei unter Atatürk, wo man eine Anpassung an die westlich-europäische Lebensform verfolgte. Die Rückbesinnung auf die islamische Tradition führte zu anti-westlichen Einstellungen und, damit verbunden, zu Erneuerungs- und Freiheitsbewegungen – bis hin zur extremen Form des politisch aktiven Islamismus und des Terrorismus. Religion und Scharia spielten für die Vertreter der Rückbesinnung auf die islamische Tradition wieder eine stärkere Rolle und erschienen ihnen als bessere Alternative zu Kapitalismus und Sozialismus.

Als eine Art Vorläufer islamistischer Tendenzen kann der Wahhabismus angesehen werden. Gründer war Muhammad ibn Abd Al-Wahhab (1703–1791), Theologe und Rechtsgelehrter, der sich zum Ziel gesetzt hatte, den Islam von falschen, verderblichen Einflüssen und Neuerungen zu reinigen, wie z. B. von Musik, Tanz, Gräberkult oder Heiligenverehrung. Der Islam sollte wieder zum Ursprung zurückgeführt und der Koran wörtlich ausgelegt werden. Seit 1750 ist der Wahhabismus die vorherrschende religiöse Strömung in Saudi-Arabien, die Anhänger bezeichnen sich auch als (Neo-)Salafiten und sind weltweit verbreitet. Saudi-Arabien gilt heute als Zentrum des Islamismus, nicht wenige Top-Terroristen wie Osama bin Laden stammen dorther.

Seit den 1960er Jahren ist in der islamischen Welt eine Tendenz zur Rückbesinnung auf „die Tradition“ des Islams zu beobachten. Als die bekanntesten der islamistischen Gruppen (nichtterroristisch, da sie an Regierungsbildungen teilhaben und von ausländischen Regierungen diplomatisch anerkannt werden), die sich diese Rückbesinnung zum Ziel gesetzt haben, sind zu nennen:

Ayatollah Khomeini, der die Islamische Revolution 1979 im Iran einleitete.

- *Al-Ikhwan al-Muslimun* (= Muslim-Bruderschaft), 1928 in Ägypten gegründet von Hasan al-Banna (1906–1948)
- *Djamaat-i-islami* (= Islam-Gemeinschaft) in Pakistan gegründet von Abu l-Ala al-Maududi (1903–1979)
- Islamische Revolution 1979 im Iran, von Ruhullah Khomeini (1902–1989) eingeleitet, als Wendepunkt bzw. Beginn des heutigen Islamismus. Die iranische Unterstützung ermöglicht den diversen islamistischen Gruppen ihre Präsenz und ihre Aktionen.
- *Hizbollah* (= Partei Gottes), gegründet 1992 im Libanon
- *Hamas* (= Begeisterung), gegründet 1987/88 in Israel von Ahmed Yassin
- Als terroristisch-islamistische Gruppen sind zu erwähnen:
- *Taliban* in Afghanistan, die sich 1993 aus den Mujaheddin formierten
- *Jemaah Islamiyah* in Indonesien, die 1993 von Abdullah Sungkar und Abu Bakar Bashir gegründet wurde
- *Al-Qaida*, bekannt durch den Terroranschlag 2001, deren bekanntester Führer Osama bin Laden war.

Als Grundlagen und Kennzeichen des islamistischen Weltbildes werden von verschiedenen Autoren wie z. B. John L. Esposito, Gudrun Krämer, Ursula Spuler-Stegemann oder Reinhard Schulze unterschiedliche Aspekte hervorgehoben. Dazu zählen:

- Der universale Anspruch des Islams, die einzig wahre Religion zu sein. Damit verbunden ist das Idealziel der Islamisierung der Welt, um alle Nichtmuslime zum Heil zu führen. Der Weg zur Islamisierung kann von der Mitwirkung an nicht-islamischen Regierungen sozusagen als Übergang bis hin zur militanten Bekämpfung dieser Regierungen reichen.

- Die wörtliche Auslegung des Korans als göttliche Offenbarung und entsprechend die unveränderliche Gültigkeit des Korans – ohne Berücksichtigung der zeitlichen und kulturellen Veränderungen. Eine kritisch-historische Sicht des Korans gilt traditionellen Kreisen als Gotteslästerung.
- *Din wa daula* („Religion und Staat"), d. h. keine Trennung von Religion und Staat. Hierbei stellt sich die Frage, ob für den Islam eine demokratische und/oder säkularisierte Staatsform nach westlichem Vorbild möglich oder letztlich nur als ein Übergang zu einem islamischen Staat akzeptabel ist.
- Die Scharia als allgemeingültige Grundlage für die Rechtsprechung. So stimmt z. B. die „Allgemeine Erklärung der Menschenrechte" der Vereinten Nationen nicht mit der Scharia überein. Deshalb gibt es eine entsprechende islamische „Kairoer Erklärung der Menschenrechte" von 1990, die auf der Scharia beruht.
- *Dschihad* (arab. = das Bemühen auf dem Weg Gottes, auch „Glaubenskampf"). Dschihad bedeutet der Einsatz für Gott. Schon im Koran ist mit Dschihad auch der Glaubenskampf gegen die Heiden in Mekka gemeint. Später werden auch die islamischen Eroberungen als Dschihad bezeichnet. Dschihad wird fälschlicherweise als „heiliger" Krieg übersetzt, allerdings wird der Krieg durchaus religiös befürwortet. Laut Koran kann der Dschihad „mit dem Herzen, mit dem Wort und mit dem Schwert" geführt werden. Die im Dschihad bzw. Kampf Gestorbenen werden als Märtyrer verehrt. Selbstmord gilt im Islam zwar als Sünde, die Islamisten verehren aber die Selbstmordattentäter als Märtyrer, da sie im Dschihad bzw. Kampf den Tod fanden.
- Einteilung der Welt in *dar al-islam*, das „Haus des Islams", und *dar al-harb*, das „Haus des Krieges" oder des Unglaubens. Mit dieser Unterscheidung werden der Zusammenhalt der islamischen Gemeinschaft und die Ausgrenzung aller Nichtmuslime betont. Die Gottesherrschaft (*Hakimiyyat Allah*) wird als Alternative zur westlichen Demokratie gesehen.
- Als Feindbilder fungieren z. B. der moderne Westen, das Kreuzfahrertum, Imperialismus, Materialismus oder Zionismus.

Das Osmanische Reich

Der Beginn der Dynastie der Osmanen, eine der ältesten Adelsfamilie der Welt, wird mit dem Beginn der Herrschaft von Osman I. im Jahr 1299 angesetzt, der als Begründer der Dynastie gilt. Von 1299 bis 1922 stammten alle Emire und Sultane und von 1517 bis 1924 alle Kalifen aus dem Hause Osman. Die Osmanen lösten zunächst die Herrschaft der Seldschuken in Anatolien und die der Mamluken in Arabien ab. Mit der Schlacht auf dem Amselfeld 1389 gelang es den Osmanen, fast den ganzen Balkan zu erobern. 1453 eroberten die Osmanen Konstantinopel (heute Istanbul) und traten damit die Nachfolge des bis dahin christlichen Byzantinischen Reiches bzw. Oströmischen Reiches an. Zweimal, 1529 und 1683, standen sie vor den Toren Wiens und belagerten die Stadt, konnten sie aber nicht erobern. Auf dem Höhepunkt der Macht unter Sultan Süleyman „dem Prächtigen“ (1520–1566) erlangte das Osmanische Reich eine Ausdehnung von Kleinasien über das Gebiet des heutigen Nahen Osten bis Nordafrika einschließlich Ägypten und über Osteuropa bis Ungarn. Seit dem Russisch-Türkischen Krieg (1768–1774) verlor das Osmanische Reich zunehmend seine Weltmachtstellung und immer mehr Teile seines Reiches. Nach dem Ersten Weltkrieg, den es an der Seite Deutschlands verloren hatte, besetzten die alliierten Siegermächte das Osmanische Reich. Das Osmanische Reich existierte so de facto nicht mehr, sondern war vollständig in englische und französische Mandatsgebiete aufgeteilt. Der nationalen Widerstandsbewegung der Jungtürken gelang es 1922 unter Führung von Mustafa Kemal Atatürk, die Alliierten zu besiegen und die Türkische Republik zu gründen.
Mit der Ausrufung der Türkischen Republik 1923 war die Geschichte des Osmanischen Reiches endgültig beendet. Mustafa Kemal (1881–1938), später als „Atatürk“ bekannt geworden, führte als erster Staatspräsident der Türkei die republikanische Staatsform ein und modernisierte das Land nach westlich-europäischem Vorbild. Er schaffte Sultanat und Kalifat ab, verbot z. B. die Koranschulen für Geistliche und Richter, die religiösen Orden wie die Derwisch-Orden und das Kopftuch für Frauen sowie den Fez für Männer. Er führte die Trennung von Staat und Religion und damit die Säkularisierung ein, ferner europäische Kleidung, das Frauenwahlrecht (1934 – noch vor Einführung des Frauenwahlrechtes in vielen europäischen Staaten!), sowie den Sonntag als Ruhetag. Außerdem ersetzte er die arabische durch die lateinische Schrift und die

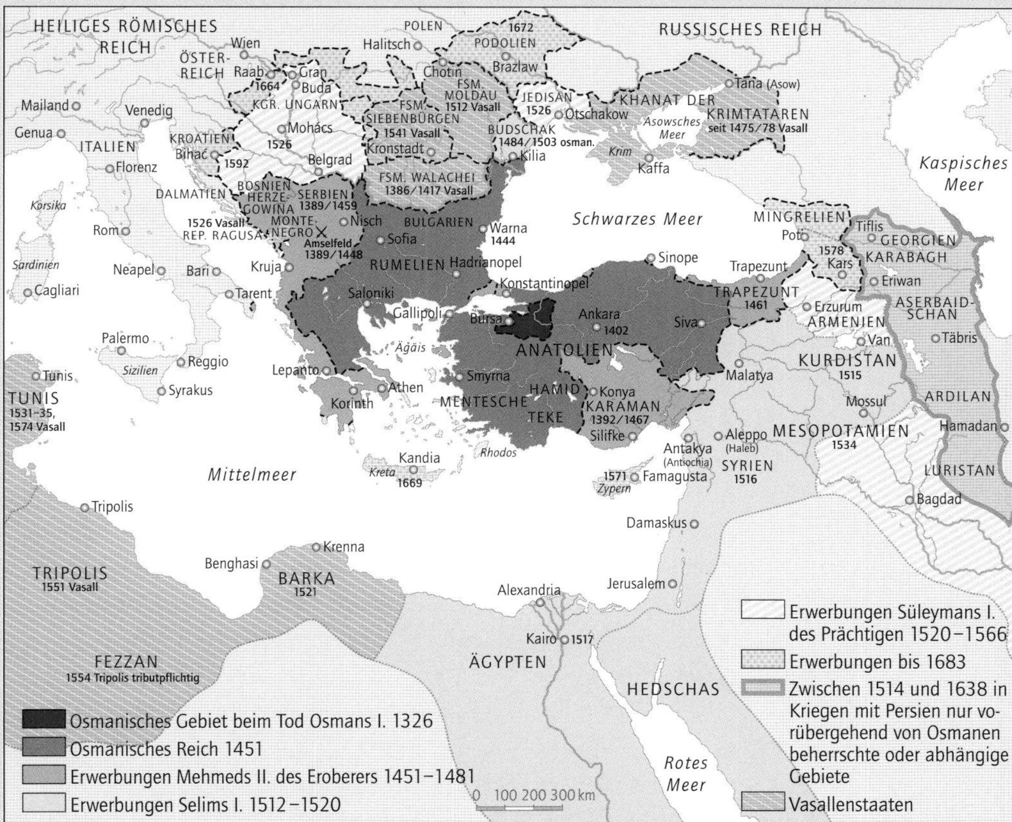

Mehrehe durch die Einehe. Atatürk genießt in der Türkei nach wie vor Verehrung, auch wenn heute wieder traditionell-konservative Richtungen dominieren. ■

Das Osmanische Reich.

Panorama: Lehre, religiöse Traditionen und Lebenspraxis

Grundlage des Islams ist der Glaube an den einen Gott, Allah, dessen Offenbarung Mohammed als Prophet Gottes empfing und die im Koran schriftlich niedergelegt ist. Das Alltagsleben im Islam wird durch die Scharia, das allgemein verbindliche Gesetz, bestimmt. Die Scharia beruht auf vier Grundpfeilern: Koran, Tradition (Sunna), Konsens der islamischen Gelehrten und dem Analogieschluss. Vor allem an der Scharia wird deutlich, dass im Islam Religion, Gesellschaft und Staat als eine Einheit gesehen werden. Der Zerfall des Islams in die beiden Hauptrichtungen der Sunniten und Schiiten und in zahlreiche kleinere Sekten und Gruppierungen hängt weniger mit unterschiedlichen Auffassungen hinsichtlich der Glaubenslehre zusammen, als vielmehr mit politischen und rechtlichen Aspekten, vor allem was die Frage der Rechtmäßigkeit der Nachfolge des Propheten Mohammed selbst betrifft.

Die fünf Säulen des Islams

Die Lehre des Islams beruht auf „fünf Säulen“:

1. Glaubensbekenntnis (*Schahada*), d. h. der Glaube an Allah als den einen und einzigen Gott
2. Gebet (*Salat*)
3. Fasten im Monat Ramadan (*Saum*)
4. Almosen (*Zakat*)
5. Wallfahrt nach Mekka (*Hadsch*)

Allah, der Mensch und Mohammed

Für den Muslim ist Allah der einzige Gott, wie es im Glaubensbekenntnis Ausdruck findet: „Ich bezeuge, dass es keine Gottheit außer Gott gibt und dass Mohammed der Gesandte Gottes ist“. Wer zum Islam übertreten will, muss diesen Satz vor mindestens zwei Zeugen aussprechen. Die etwas ausführlichere Formulierung des islamischen Glaubensbekenntnisses lautet: „Ich glaube an Gott, seine Bücher, seine Propheten, seine Engel, an den Jüngsten Tag und dass das, was mir bestimmt ist, mich erreichen wird“.

Der Islam versteht sich als die einzige wahrhaft monotheistische Religion. Juden, Christen und Zoroastrier haben zwar schon vor Mohammed die göttliche Offenbarung erhalten und niedergeschrieben. Aber sie seien von der wahren Verkündigung des Propheten abgewichen und letztlich polytheistisch geworden (das gelte vor allem für die christliche Dreifaltigkeit Gottes). Nur der Koran enthalte die unverfälschte Offenbarung Gottes.

Allah ist der Allmächtige, der Herr und Schöpfer von allem. Allah ist der Richter, der beim Jüngsten Gericht die Menschen gerecht nach ihrem Glauben und ihren Taten richtet. Aber Allah ist auch der Barmherzige, der beim Jüngsten Gericht dem sündigen Menschen, der zu Gott seine Zuflucht nimmt, verzeiht. Die Liebe Gottes zum Menschen wird – mit Ausnahme des Sufismus – weniger betont als im Christentum. Die Eigenschaften Gottes werden in den 99 „schönsten Namen" Gottes ausgeführt, wie z. B. Allah der Barmherzige, der Geduldige etc.

Der Mensch ist von Gott geschaffen, er ist Gottes Diener und sein Stellvertreter auf Erden, aber nicht sein Ebenbild wie im Christentum. Der Koran betont vor allem die Abhängigkeit des Menschen von Gott und den Gehorsam ihm gegenüber. Aufgabe des Menschen ist „das Bemühen auf den Weg Gottes" (*Dschihad*), er soll im Wissen um das Jüngste Gericht an „Gott glauben und das Rechte tun". Am Jüngsten Tag dann

Betender Muslim im Hof der Kairaouine-Moschee in Fès, Marokko.

wird der Mensch im Endgericht durch Gott nach Glauben und Taten gerichtet und gelangt dementsprechend in die Hölle oder ins Paradies. Das Paradies ist nach islamischer Vorstellung ein Garten, der alles bietet, „was die Seele begehrt und für die Augen eine Wonne ist", z. B. ein Gastmahl mit ansonsten Verbotenem wie Wein, Paradiesjungfrauen und Paradiesknaben.

Im Koran wird der Widerspruch zwischen dem freien Willen des Menschen und der Vorherbestimmung durch Gott nicht gelöst. Die erste bedeutende theologische Schule der Sunniten, die Mutaziliten (8. Jh.), betonte die Vernunft und den freien Willen des Menschen, ferner dass Gott keine menschlichen Züge habe und der Koran als Mittel der göttlichen Offenbarung erschaffen wurde und daher auch kritisch betrachtet werden könne. Schon wenig später entwickelte sich eine bis heute die islamische Theologie bestimmende Gegenposition zu den Mutaziliten, die die Lehre vom freien Willen des Menschen ablehnte und betonte, dass alles auf Erden von Gott bestimmt sei. Vertreter dieser Theologie sind z. B. Ahmad Ibn Hanbal (780–855) oder al-Ghazzali (1058–1111). Das Theodizee-Problem bzw. die Frage, wie Allah als gerechter und barmherziger Gott das Leiden in der Welt zulassen kann, ist in der islamischen Theologie ein Tabuthema, da dies als Zweifel an der Allmacht Allahs gilt.

Tora, Psalmen Evangelien und der Koran sind die Bücher, die Gottes Offenbarung für die Menschheit enthalten. Unter den 27 Propheten haben Moses, Jesus und Mohammed als „Gesandte" eine besondere Bedeutung. Mohammed ist der letzte in der Prophetenreihe, das „Siegel" der Propheten. Bis zum Jüngsten Gericht wird es keine Propheten und keine göttlichen Offenbarungen mehr geben. Daher wird auch die Bah'ai-Religion, die weitere Propheten nach Mohammed kennt wie z. B. Ahmadiyya, abgelehnt und verfolgt. Die Botschaft der Propheten ist vor allem der Glaube an den einen Gott und das Jüngste Gericht. Durch die Propheten wurde die Offenbarung Gottes auch den Juden und Christen zuteil. So ist die Bibel zwar eine Kopie des himmlischen Urbuches mit der Uroffenbarung, aber sie wurde durch Juden und Christen verfälscht. Nur der Koran enthält die unverfälschte Offenbarung Gottes

Der Abfall vom Islam und die Konversion zu einer anderen Religion ist ein schweres, todeswürdiges Vergehen. Entsprechend fordern Islamisten die Todesstrafe für den Abfall vom Islam.

Der Koran

Der Islam ist – wie Judentum und Christentum – eine sogenannte Buchreligion, eine Religion, in deren Mittelpunkt ein Buch als Offenbarung bzw. Wort Gottes steht. Der Koran (arab. al-*Qur'an* = Rezitation, Vortrag) ist die heilige Schrift des Islams, die das Wort Gottes enthält, das dem Propheten Mohammed durch Vermittlung des Engels Gabriel (Sure 2,97) in Visionen in den Jahren zwischen 610 und 632 offenbart wurde. Mohammed gab diese Offenbarungen in Form von Predigten mündlich an seine Anhänger weiter. Schriftlich niedergelegt wurden diese Offenbarungen erst nach seinem Tod.

Der Koran gibt nach islamischen Glauben das unmittelbare Wort Gottes wieder. Gott spricht dabei – durch den Engel Gabriel und in der ersten Person Plural („wir") – direkt den Propheten Mohammed oder die Gläubigen an. Der Koran gliedert sich insgesamt in 114 Suren, die der Länge nach, in abnehmender Folge, geordnet sind. Einzige Ausnahme ist die erste Sure, „die Eröffnende" (*Fatiha*). Entsprechend dieser Anordnung ist jede Sure ein eigenständiger Text für sich. Jede von ihnen trägt als Überschrift einen Namen, der entweder das in ihr behandelte Thema charakterisiert oder ein besonders markantes Wort aus dem Text aufgreift. Für die islamische Theologie bzw. Exegese ist jeweils Ort, Zeit und Anlass der Offenbarung der einzelnen Suren von Interesse. Dementsprechend unterscheidet die islamische Tradition zwischen früher offenbarten Suren aus der Zeit in Mekka und späteren Suren aus der Zeit in Medina (622–632 n. Chr.). Die mekkanischen und medinischen Suren unterscheiden sich in Sprache und Inhalt. Die mekkanischen Suren haben eher das

Die Al-Azhar-Moschee in Kairo, Westfassade mit dem Tor der Barbiere, erbaut 970–972.

Wesen und Wirken Gottes oder das Jüngste Gericht zum Thema, die medinischen Suren behandeln inhaltlich eher Fragen kultischer oder rechtlicher Art des Gemeinschaftsleben der Umma, die sich für die neue Gemeinde in Medina im Alltag ergaben.

Der Text des Koran gilt als kanonisch, d. h. unveränderlich. Eine kritische Betrachtung des Korantextes in seinem zeitlichen und kulturellen Kontext im Sinne der im Christentum üblichen historisch-kritischen Exegese wird vom traditionellen Islam abgelehnt. Die Sprache des Korans ist Arabisch, nur auf Arabisch kann der Koran rezitiert werden, und einzig diese originale Sprachform verbürgt absolute Authentizität. Die Übersetzungen des Korans in andere Sprachen werden nur als Hilfsmittel oder Kommentare angesehen. In den Koranschulen lernen schon die Kinder, den Koran auf Arabisch zu lesen. Der Koran als heiliges Buch, das die Offenbarung Gottes enthält, darf nur im Zustand ritueller Reinheit, d. h. nach vorheriger Waschung, berührt werden. Eine absichtliche Beschädigung des Korans gilt als Gotteslästerung.

Scharia

Die *Scharia* (arab. = Weg zur Tränke, Gesetz) beinhaltet die Pflichten des Muslims einerseits gegenüber Gott, d. h. die „fünf Säulen des Islams", und andererseits gegenüber den Menschen, d. h. die Pflichten und Rechte, die das Zusammenleben in der Glaubensgemeinschaft, in der Umma,

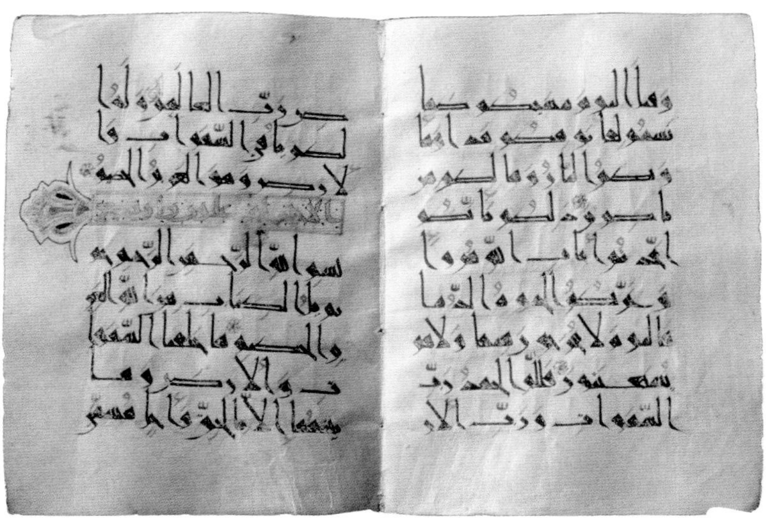

Eine Seite aus dem Koran. Handschrift auf Pergament, 11. Jahrhundert, aus der Großen Moschee in Kairouan, Tunesien.

garantieren. Die Scharia umfasst daher folgende Bereiche: religiöse Pflichten, Familienrecht, Vertragsrecht, (ziviles) Straf- und Prozessrecht, Verwaltungsrecht und Kriegsrecht. Hierbei zeigt sich, dass im Islam Staat und Religion nicht eindeutig voneinander getrennt sind. Das islamische Rechtssystem hat immer einen religiösen Hintergrund und Bezug – im Unterschied zum westlichen Rechtsverständnis. In der Diaspora, in nicht-islamischen Ländern, ist die Einhaltung der Gesetze dieser Länder geboten, sofern sie nicht der Scharia widersprechen.

Die Scharia basiert auf den sog. „vier Wurzeln der islamischen Rechtswissenschaft“:

1. dem Koran,
2. der Überlieferung (*Sunna*) dessen, was der Prophet Mohammed in diesem oder jenem Fall gesagt oder getan hat, so wie sie in der Textsammlungender Hadith schriftlich festgehalten ist
3. dem Konsens der islamischen Gemeinde (*Idschna*) und
4. dem Analogieschlussverfahren (*Quiyas*)

Das Besondere der Scharia ist, dass sie kein fester und einheitlich kodifizierter Gesetzeskodex ist, da sie zum einen ständig in Auseinandersetzung mit den neuen Problemen der jeweiligen Zeit und Kultur aktualisiert wird, zum anderen da es im Islam unterschiedliche Formen der Scharia, so bei den Sunniten und Schiiten, gibt.

Weil im Laufe der Zeit die Menge der durch Tradition und Gewohnheit sanktionierten Rechtsnormen in unübersehbare Weise zunahm, bildete sich eine systematisierende praktische Gesetzeswissenschaft (*Fiqh*) heraus, die ihrerseits vier Hauptrichtungen bzw. Rechtsschulen im sunnitischen Islam umfasst:

- Die hanafitische Schule bzw. die Hanafiten, begründet von Abu Hanifa (gest. 767) und weiter ausgebaut von seinen Schülern Abu Yusuf al-Kufi (gest. 798) und asch-Schaibani (749–804). Diese – von allen am liberalsten eingestellte – Schule ist heute in der Türkei, Zentralasien und Nordindien verbreitet.
- Die malikitische Schule bzw. die Malikiten, begründet von Malik ibn Anas (ca. 711–796), die heute in Nord- und Westafrika vertreten ist, früher auch in Andalusien.
- Die schafiitische Schule bzw. Schafiiten, die auf Muhammad ibn Idris asch-Schafii (767–820) zurückgeht und heute in Indien, Indonesien und Ostafrika verbreitet ist.

- Die hanbalitische Schule bzw. Hanbaliten, begründet von Ahmad ibn Hanbal (gest. 855), die heute in Saudi-Arabien und für die dortige Richtung der Wahhabiten Gültigkeit hat. Von den Mitgliedern her ist sie zwar die kleinste Rechtsschule, aber aufgrund ihrer Verbreitung in Saudi-Arabien mit den heiligen Stätten Mekka und Medina hat diese konservative Schule großen Einfluss auf den gesamten sunnitischen Islam.

Als wichtigste Rechtsschule der Schiiten ist die der Imamiten, die *Dschafariya*, zu nennen.

Die Sunna, die Tradition dessen, was der Prophet gesagt und getan hat, wurde schriftlich in insgesamt sechs Hadith-Sammlungen im 9. Jh. zusammengefasst. Wichtiges Kriterium der Gültigkeit eines Hadith ist die lückenlose Nennung der Reihe derjenigen, die ihn überliefert haben. Die Hadith-Sammlungen gelten für den Muslim als Richtlinie im praktischen Alltagsleben, da sie diesbezüglich mehr Auskunft geben als der Koran. So gibt z. B. der Koran nur an, mehrmals am Tag zu beten, im Hadith dagegen findet sich die genauere Anweisung, fünfmal zu beten und auch, wie das Gebet auszuführen ist.

Die *Fatwa* ist die Bezeichnung für das Gutachten eines qualifizierten Rechtsgelehrten in religiösen Angelegenheiten, da Koran und Hadith nicht auf alle Fragen und Probleme der heutigen Zeit Antwort geben, wie z. B. im Bereich Technik, Bioethik oder Gentechnik. Die Fatwa ist nicht verbindlich, sondern ihre Anerkennung hängt auch von der Autorität des Rechtsgelehrten ab, der sie erlässt. Bekanntes Beispiel einer Fatwa ist die von Ayatollah Khomeini, mit der dieser dazu aufrief, den Schriftsteller Salman Rushdie zu töten.

Strafen wie Steinigung, Auspeitschen oder Amputation von Händen, Armen oder Beinen oder auch die Todesstrafe bei Ehebruch, Unzucht, Homosexualität oder Abfall vom Glauben sind in einigen islamischen Ländern wie z. B. Iran, Saudi-Arabien, Nigeria oder Sudan durchaus noch üblich.

Sunniten und Schiiten

Die Sunniten bilden die größte Glaubensrichtung (ca. 90 Prozent) im Islam. Die Schiiten bilden die zweite, kleinere Hauptgruppe (ca. 10 Prozent). Politischer und geographischer Schwerpunkt der Schia bzw. deren größter Gruppe, der Imaiten, ist der Iran, wo sie im Jahr 1501 zur Staatsreligion erhoben worden ist. Die Schiiten sind heute aber auch in Teilen des Iraks, Afghanistans, Pakistans, Syriens, Libanons, Saudi-Arabien und im Jemen vertreten.

Der Unterschied zwischen Sunniten und Schiiten (arab. von *schi'a* = Partei) liegt weniger in Glaubensfragen als im politischen Bereich der Gemeindeführung begründet: Die Spaltung der islamischen Gemeinde in Schiiten und Sunniten erfolgte aufgrund der Frage, ob Ali der rechtmäßige vierte Nachfolger bzw. Vertreter (*Kalif*) des Propheten sei oder nicht. Die Schiiten sahen Ali als rechtmäßigen Nachfolger Mohammeds an und verstanden sich als Anhänger der Partei (*Schia*) Alis. Für die Schiiten muss der Nachfolger Mohammeds eine verwandtschaftliche Beziehung zu diesem haben. Für die Sunniten hingegen sind die Fähigkeiten und die Eignung des Nachfolgers entscheidend. Für die Schiiten ist der *Imam* (arab. = Vorbild, Führer) der Nachfolger des Propheten und der Leiter der Gemeinde und erhielt dabei – im Unterschied zum Kalifen, dem geistlichen und weltlichen Führer der Sunniten – teilweise die Bedeutung eines eschatologischen Erlösers. Er ist aufgrund seiner Abstammung vom Propheten Mohammed Träger des göttlichen Willens. Über die Gesamtzahl der Imame bestehen unterschiedliche Meinungen. Für die Sunniten ist die Sunna maßgebend, d. h. Mohammeds Weg, sein Verhalten, seine Entscheidungen und Aussprüche, so wie sie in den Hadith-Sammlungen zusammengefasst sind, die für die Schiiten nicht in ihrer Gesamtheit gültig sind.

Ungeachtet der Vielzahl schiitischer Sekten und Gruppierungen lassen sich drei Hauptrichtungen unterscheiden:

- die Imamiten
- die Zaiditen und
- die Ismailiten

Die Imamiten, die Gruppe mit der größten Anhängerschaft, kennen zwölf Imame – daher die Bezeichnung Zwölfer-Schia. Bei den Imamiten verbinden sich mit dem „zwölften Imam“ messianische Hoffnungen und eschatologische Erwartungen, beeinflusst von der jüdischen Messias-Gestalt: Der zwölfte Imam sei, so heißt es, damals um 873/874 nicht gestorben, sondern entrückt worden, um dereinst dem Islam zum Sieg über die Ungläubigen zu verhelfen und der Welt die Erlösung zu bringen. Dieser zwölfte, verborgene Imam wird auch *Mahdi* (arab. = Recht-

Al-Aqsa-Moschee bzw. Felsendom eine der heiligen Stätten des Islam, erbaut über dem ehemaligen jüdischen Tempel in Jerusalem.

geleiteter) genannt. Immer wieder traten in der islamischen Geschichte Personen als Mahdi auf. So z. B. Mohammed Ahmad (1844–1885), der 1881 den „Mahdi-Aufstand" im Sudan auslöste.

Die Zaiditen spalteten sich nach dem vierten Imam bzw. mit dem fünften Imam als eigene Gruppe ab (daher auch der Name „Fünferschiiten"), die Ismailiten nach dem sechsten bzw. mit dem siebten Imam. Für die Zaiditen gilt der fünfte Imam, Zaid Ibn Ali, als der Rechtmäßige, da er ein Ururenkel Mohammeds war. Er fiel im Kampf gegen die Umayyaden im Jahre 740 n. Chr. Bei den Ismailiten steht der siebte Imam, Ismail, im Mittelpunkt der Heilserwartung. Als Sonderform der Ismailiten entwickelten sich im 11. Jh. die Drusen und der Geheimbund der sogenannten Assassinen.

Als kleine Gruppe und Vertreter einer extremen Schia sind die Alewiten zu nennen, die Ali fast göttliche Eigenschaften zusprechen. Die Mehrheit der Alewiten sieht sich als Gruppe innerhalb des Islams, eine Minderheit dagegen als eigene Religion. Die Reihenfolge der ersten vier Imame ist bei den Ismailiten, Zaiditen und Imamiten gleich:

1. Ali, Vetter und Schwiegersohn Mohammeds
2. Hasan, Sohn des Ali
3. Husain, Sohn des Ali
4. Ali, Sohn des Husain

Das Gebet

Das Gebet (*salat*) ist verpflichtend für jeden Muslim und zwar fünfmal am Tage: morgens, mittags, nachmittags, bei Sonnenuntergang und abends. Es soll auf Arabisch gesprochen werden. Vor dem Gebet erfolgt die rituelle Waschung, man verrichtet es in Richtung Mekka. Das Gebet besteht aus der Absichtserklärung, dem Lob Gottes mit dem Ausspruch *Allahu akbar* (arab. = Gott ist allmächtig), der Rezitation der ersten Sure aus dem Koran (*Fatiha*) und weiterer Verse, dem Glaubensbekenntnis und dem Segenswunsch über Mohammed und schließt mit dem Friedensgruß ab. Das Gebet ist durch bestimmte Körperhaltungen gekennzeichnet, indem sich der Betende kniet, sich auf die Erde niederwirft und wieder aufrichtet – als körperlicher Ausdruck für die innere Hingabe des Betenden.

Prinzipiell kann das Gebet überall stattfinden, der eigentliche Ort des Gebetes aber ist die Moschee, in der sich die Männer auch am Freitag zum Gebet und zur Predigt versammeln. Findet das Gebet nicht in der Moschee statt, ist darauf zu achten, dass der Gebetsort rein ist. Daher wird in solchen Fällen auf einem mitgeführten Teppich oder Tuch gebetet.

Die Moschee ist der Ort des gemeinsamen Gebetes und der Versammlung. Der Bau der Moschee ist gekennzeichnet durch einen quadratischen oder rechteckigen Grundriss, und in den meisten Fällen, aber nicht vorgeschrieben, einem oder mehreren Minaretten bzw. Türmen, von denen der Muezzin zum Gebet ruft. Die Moschee ist mit der Stirnwand nach Mekka bzw. zur Kaaba ausgerichtet. Im Inneren der Moschee symbolisiert die Gebetsnische (*mihrab*) die Gegenwart des Propheten, eine Kanzel dient der Predigt am Freitag. Es gibt – aufgrund des Bilderverbotes – keine Bilder oder Skulpturen. Der Boden ist mit Teppichen oder Matten ausgelegt. Für Frauen gibt es einen separaten Bereich. Im Eingangsbereich gibt es für die rituelle Reinigung eine Waschgelegenheit wie z. B. einen Brunnen. Aus Gründen der rituellen Reinheit zieht man in der Moschee auch die Schuhe aus. Die Moschee

Sufismus

Sufismus (*tasawwuf*) ist die Bezeichnung für die Mystik des Islams, die seit dem 8. Jh. belegt ist. Der Name leitet sich wahrscheinlich von der allgemein üblichen Tracht der Sufis bzw. Mystiker und Asketen ab, einem grob gewebten Gewand aus Wolle (*suf*), ein Symbol für die selbstauferlegte Armut und die Abkehr von der Welt. Der Sufismus war nie Teil des Mainstream-Islams und stand oft im Gegensatz zu diesem. Sufis wurden nicht selten als Ketzer verfolgt oder gar hingerichtet.

Die Theologie des Sufismus ist stark beeinflusst vom Neuplatonismus und seiner Lehre der Emanation der Seele aus dem Göttlichen und ihrem Wiedereinswerden mit dem Göttlichen im Zustand der Ekstase. Betont werden die Liebe zu Gott und Gott als Liebender – im Unterschied zum traditionellen Islam, wo die Liebe Gottes nicht so stark thematisiert wird. Der Sufismus thematisiert auch den Widerspruch eines gerechten und barmherzigen Gottes einer-

Tanzender Derwisch.

seits und dem Leid und der Ungerechtigkeit auf der Welt anderseits – ebenfalls im Unterschied zum offiziellen Islam. Ein weiterer Unterschied ist die Verehrung von Sufi-Meistern oder Ordensgründern als Heilige, was vom traditionellen Islam abgelehnt wird.

Zu den wichtigsten Techniken, die dazu dienen, die Unio mystica, d. h. die Auflösung des Ich im göttlichen Absoluten, herbeizuführen, zählen neben Askese, Kontemplation und Meditation das Rezitieren von Koran-Suren, Musik und Tanz. Als wichtigste Vertreter des Sufismus sind zu nennen:

- Husain Ibn Mansur al-Halladsch, der im Iran wirkte, auch nach Indien reiste und 922 in Bagdad als Ketzer hingerichtet wurde. Er gilt bis heute als Vorkämpfer für die Freiheit.
- Abbu Hamid al-Gazzali (gest. 1111), der eine gemäßigte Form des Sufismus vertrat und den Sufismus so für viele Muslime akzeptabel machte
- Schihabaddin as-Suhrawardi, im Iran geboren und 1191 als Ketzer hingerichtet.
- Muhyiddin ibn Arabi, geboren 1165, der insgesamt 600 Werke hinterließ
- Dschalal ad-din Rumi (1207–1273), auch „unser Herr" (*Maulana*, türk. *Mevlana*) genannt
- Rabia al-Adawiya (718–801), auch als Rabia von Basra bekannt, da sie dort geboren und gestorben ist.

Als einige von vielen der Sufi-Orden sind z. B. zu nennen der Mevlevi-Orden, der Tschischti-Orden, Sanusiyya Bektaschiyya oder Suhrawadiyya. Die Gräber ihrer als Heiligen verehrten Gründer sind Ziel von Pilgerwallfahrten, die aber von der Pilgerfahrt nach Mekka deutlich unterschieden werden. Offiziell sind die Orden nicht miteinander verbunden – mit Ausnahme Ägyptens: Dort gibt es ein Amt für Sufi-Orden, in dem 60 Orden organisiert sind. ■

Die große Moschee in Córdoba.

soll zwar kultisch rein sein, ist aber kein geweihter Ort, sodass man sich dort auch zu anderweitigen Zwecken versammeln kann, wie z. B. zum Unterricht.

Die wichtigsten Moscheen sind die von Mekka, Medina, Damaskus und Jerusalem. Zu den bekanntesten Moscheen zählen die Blaue Moschee in Istanbul, die al-Azhar-Moschee in Kairo – verbunden mit der ältesten und bedeutendsten Universität der Sunniten –, außerdem die Große Moschee in Córdoba und die Al-Aqsa-Moschee (der sog. Felsendom) in Jerusalem. Die Al-Aqsa-Moschee wurde an dem Ort erbaut, von wo Mohammed zu einer Himmelsreise entrückt worden sein soll. Neben Mekka ist daher Jerusalem für die Muslime ein heiliger Ort.

Fasten

Im Monat Ramadan, dem neunten Monat des islamischen Kalenders, fastet man 30 Tage lang. Der Ramadan wird nach dem Mondkalender berechnet, daher verschiebt sich der Beginn jedes Jahr um elf Tage. Im Ramadan soll jeder Erwachsene von Sonnenaufgang bis Sonnenuntergang auf Essen, Trinken, Rauchen, Geschlechtsverkehr, Streit und schlechtes Verhalten verzichten. Ausgenommen vom Fasten sind schwangere, menstruierende oder stillende Frauen, Kranke, Alte, schwer Arbeitende oder Reisende, die stattdessen Almosen spenden oder später das Fasten durchführen sollen. Nach Sonnenuntergang trifft man sich zum gemeinsamen Essen. Das Ende des Monats Ramadan wird mit dem Fest des „Fastenbrechens", eine der wichtigsten Feste im Islam, gefeiert.

Die Pilgerfahrt nach Mekka

Die Pilgerfahrt nach Mekka (*haddsch*) zur „Heiligen Moschee", in der sich die Kaaba befindet, ist eine der religiösen Pflichten des Muslims. Die *Kaaba* (arab. = Würfel) war bereits in vorislamischer Zeit das Heiligtum von Hubal, dem Stadtgott von Mekka, und Ziel von Pilgerreisen. Der Koran führt die Erbauung der Kaaba auf Abraham und seinen Sohn Ismail zurück. Der fast würfelförmige Bau (15 x 12 x 10,5 m) ist von einem Tuch aus schwarzen Brokat umhüllt und beherbergt an seiner östlichen Ecke den berühmten „schwarzen Stein", einen Meteoriten, und ursprünglich das Kultbild einer vorislamischen Gottheit. Die Wallfahrt sollen alle Muslime, auch Frauen, einmal im Leben durchführen, wenn es ihnen gesundheitlich und finanziell möglich ist. Die Wallfahrt findet im letzten Monat, d. h. vom 7. bis zum 13. Tag des Monats *dhu l-hiddscha* statt. Zu den rituellen Handlungen der Wallfahrt gehören das siebenmalige Umkreisen der Kaaba, der siebenmalige Lauf zwischen den beiden Hügeln Safa und Marwa bei der Kaaba, das Steinigen des Satans bzw. der Steindenkmäler in Mina, das „Verweilen" vor Gott beim Berge Arafat und das Schlachten eines Opfertieres als Höhepunkt der Wallfahrt. Alle Muslime weltweit

Die Frau im Islam

Die Stellung der Frau im Koran muss im Kontext der damaligen Zeit gesehen werden. Nach dem Koran hat der Mann eine vorrangige Stellung gegenüber der Frau (vgl. Sure 4,38). Neu und fortschrittlich für die damalige Zeit war aber, dass der Frau im Koran bestimmte Rechte zugestanden wurden. So durften sie über Besitz verfügen, beruflich tätig sein, vor Gericht ziehen, und ihnen wurde eine lebenslange Versorgung garantiert. Zudem darf der Mann „nur" vier Ehefrauen haben und nicht noch weitere, wie es in den arabischen Stammesgesellschaften damals durchaus üblich war. Allerdings darf andererseits die Frau nur einen Ehemann haben. Der Mann kann sich zwar von der Frau scheiden lassen, diese „entlassen", aber nicht umgekehrt die Frau den Mann.

Die Frage der Verschleierung ist in der islamischen Theologie nach wie vor umstritten. Im Koran heißt es zwar, die Frauen „sollen darauf achten, dass ihre Scham bedeckt ist, den Schmuck, den sie (am Körper) tragen, nicht offen zeigen" (Sure 24,32), weitere konkrete Angaben fehlen. Auch das Tragen eines Kopftuches wird im Koran nicht ausdrücklich geboten. In traditionellen und islamistischen Kreisen gilt das Kopftuch aber als Symbol der Zugehörigkeit zum Islam und der Frömmigkeit.

In einigen Ländern wie z. B. der Türkei sind Mann und Frau nach der Verfassung zwar gleichgestellt, die Praxis sieht aber in bestimmten Gesellschaftsschichten anders aus. Nach traditioneller islamischer Ansicht sollten Mädchen möglichst bald nach der Pubertät verheiratet werden, die Frau sollte bis zur Heirat Jungfrau sein. Ein Verstoß wird hart bestraft, unter Umständen mit der Tötung der Frau, um die Ehre der Familie zu wahren. Ein Muslim darf zwar eine Jüdin oder Christin heiraten, aber eine Muslimin keinen Juden oder Christen, da die Religionszugehörigkeit der Kinder von der väterlichen Linie abhängt. ■

Verschleierte Muslimin.

Die Kaaba in Mekka während der Pilgerfahrt.

feiern zur selben Zeit dieses Schlachtopfer. Wer die Pilgerfahrt nach Mekka gemacht hat, kann die Bezeichnung „Pilger" (*haddsch*) als Titel vor seinem Namen führen.

Amt

Bei den Sunniten war der Kalif – bis zur Abschaffung des Kalifats in der Türkei 1924 – das geistliche und weltliche Oberhaupt in der Nachfolge Mohammeds. Bei den Schiiten gilt der Imam als das geistliche und weltliche Oberhaupt, der in seiner Funktion dem Propheten vergleichbar ist und von diesem abstammt. Wie der Prophet gilt auch der Imam als unfehlbar und als die oberste Autorität für die Auslegung des Korans. Mit „Imam" wird aber im Islam auch das Amt des Vorbeters beim gemeinschaftlichen Gebet bezeichnet. Als Vorbeter kann prinzipiell jeder tätig sein. Aber an großen Moscheen haben Imame ein Amt als Gemeindeleiter inne, sind als solche auch für religiöse und rechtliche Fragen zuständig und werden dafür bezahlt.

Im Unterschied zum Christentum fehlt im Islam eine von allen Muslimen anerkannte religiöse Lehrautorität. Der „Gelehrte" (*alim*, Plural *ulama*) ist ein Fachmann für Theologie und Recht im Islam. Diese *Ulama* können das Amt eines *Qadi*, eines „Richters", oder das eines *Mufti*, eines Theologen, der vor allem auch Gutachten zu Rechtsfragen erstellt, oder das Amt des *Imam*, des Vorbeters, ausüben.

Scheich (arab. = Ältester) ist ein Ehrentitel für ältere, verdienstvolle Gelehrte oder für den Meister eines mystischen Ordens. Ebenso ist die Bezeichnung *Ayatollah* (arab. = Zeichen Gottes) im schiitischen Islam ein Ehrentitel für einen Gelehrten, der nicht verliehen wird, sondern Ausdruck der Verehrung durch die Gläubigen ist.

Ausblick und Fazit

In der heutigen multikulturellen modernen Welt stellt sich vor allem die Frage nach der weiteren Entwicklung des Islams. Während in Europa ein Rückzug des Christentums zu beobachten ist, sind wir immer mehr gefordert, uns mit der im Weltgeschehen immer präsenter werdenden Religion des Islams auseinanderzusetzen. Der Islam strebt – wie aufgezeigt – eine Regierungsform an, die mit der Scharia übereinstimmt. Für den Islam ist daher ein demokratischer Staat nach westlichem Vorbild letztlich nur als Übergangslösung akzeptabel. Es ist nur eine Minderheit von ca. 10 bis 15 Prozent der Muslime in den muslimischen Ländern dem militanten Islamismus zuzuordnen, die den Islam als Staatsform notfalls auch mit Gewalt durchsetzen wollen und z. T. an der Regierung beteiligt sind. In Europa sind unter 5 Prozent der muslimischen Bevölkerung als islamistisch einzustufen. Aber diese Minderheit ist in Gesellschaft und Politik aktiver und präsenter als die Mehrheit und dominiert dementsprechend.

In Europa ist der Islam eine bedeutende Minderheitsgruppe die größte islamische Bevölkerung lebt in Osteuropa. Entgegen der Befürchtung, dass aus dieser Minderheit eine Mehrheit wird, wird laut einer US-Studie (Spiegel 27.01.2011) die islamische Bevölkerung in den USA und in Westeuropa bis zum Jahr 2030 zwar ansteigen, aber nach wie vor eine Minderheit bleiben (in USA von 2,6 Mio. auf 6,2 Mio. bzw. von 0,8 auf 1,7 Prozent, in ganz Europa von 44,1 Mio. auf 58,2 Mio. bzw. von 6 auf 8 Prozent).

Viele Stimmen in Europa und in den USA meinen, der Islam sei eine rückständige Religion, da Religion und Staat nicht getrennt sind. Die Geschichte aber zeigt, dass dies nicht zutrifft und der Islam z. B. gerade im Mittelalter sehr fortschrittlich war und entscheidenden Einfluss auf die kulturelle Entwicklung des Abendlandes gehabt hat. Nur am Rande sei erwähnt, dass das Frauenwahlrecht in einem islamischen Land (Türkei 1934) eher verwirklicht worden ist als in vielen europäischen Ländern.

Hinduismus

„Das bist du."

Der Hinduismus ist die älteste Weltreligion und mit 900 Millionen (14 Prozent) Anhängern die drittgrößte nach Christentum und Islam. Der Hinduismus ist die Religion Indiens, ist aber auch in Nepal, Bangladesch, Sri Lanka, auf Bali (Indonesien), in Afrika (Süd- und Ostafrika, Mauritius), Europa (v.a. Großbritannien), in den USA und Südamerika (Trinidad, Tobago) verbreitet.

„Hindu" nannte man in der Antike die Bewohner des Industales. Unter der islamischen Herrschaft (8. bzw. 18. Jh.) bezeichnete man die Anhänger der indischen Religionen „Hindu" als Abgrenzung zum Islam. „Hinduismus" als Bezeichnung der Religion der Hindus bzw. Inder ist relativ neuen Ursprungs, eingeführt im 19. Jh. von der britischen Kolonialmacht als Sammelbegriff für die religiöse Vielfalt in Indien. Dieser Ausdruck wurde dann auch von den Indern als Selbstbezeichnung übernommen.

Geschichte

Die Industalkultur: Die erste Hochkultur in Indien

Am Anfang der Geschichte und Religionen Indiens steht die Industalkultur, die ihren Höhepunkt zwischen 3000 und 1750 v. Chr. erreichte. Bis heute wissen wir wenig über diese erste Hochkultur auf dem indischen Kontinent, entsprechend auch kaum etwas über die Religion. Die Industalkultur ist als Hochkultur gekennzeichnet durch Stadtanlagen wie Mohenjo-Daro oder Harappa, eine Landwirtschaft mit Bewässerungssystemen, eine hierarchisch gegliederte Gesellschaft und zentralistische Herrschaft sowie eine – bis heute nicht völlig entzifferte – Schrift. Es fanden sich aber weder Tempelbauten noch Anlagen von Opferstätten, allerdings in jeder Stadt Wasserbecken, die von Säulen umgeben waren – und viele Tonmodelle solcher Wasserbecken, die wahrscheinlich mit Reinigungsriten im Zusammenhang standen. Von der Industalkultur sind weiterhin viele Frauenfiguren aus Ton erhalten, früher als Muttergottheiten, heute eher als Fruchtbarkeitsymbole gedeutet.

Die vedische Zeit: Die Anfänge des Hinduismus

Indoeuropäer bzw. die *Arya* (Skt. = „Edle", früher als „Arier" übersetzt), wie sie sich selbst nannten, lösten die Industalkultur um 1500 v. Chr. ab. Mit der in mehreren Phasen stattfindenden Einwanderung der Arya beginnt die vedische Zeit. Die Arya waren Hirtennomaden, deren Kultur sich durch die Verwendung von Reitpferden und Streitwagen auszeichnete. Ab dem 7. Jh. wurden die Arya sesshaft und bauten Städte und Handelszentren. Die Kultur der Arya wird als vedische Zeit (1500–800 v. Chr.), ihre Religion als vedische Religion bezeichnet, benannt nach ihren religiösen Schriften, den Veden, die für die gesamte spätere indische Religionsgeschichte von großer Bedeutung werden sollten. In der Religion spielte das Opfer eine zentrale Rolle, wie später ausgeführt wird.

Das vedische Götterpantheon weist zahlreiche Übereinstimmungen mit demjenigen anderer indoeuropäischer Völker auf. Zu den wichtigsten vedischen Göttern zählen Indra, Varuna, Agni und Rudra. Indra war ursprünglich ein Kriegsgott, später der Götterkönig. *Varuna* (Skt. = der Allumfassende) galt als Schöpfer, Herr und Erhalter des Kosmos bzw. der drei Welten Himmel, Erde und Luft. Zugleich war er der Hüter der kosmischen Weltordnung. *Agni* (Skt. = „Feuer", vgl. lat. = ignis) war der Gott des Feuers und zwar in Form der Sonne, des Blitzes und des Herd- und Opferfeuers, aber auch des Leichenbrandes und wurde als solcher „Leichenfresser" genannt. Der Gott Soma verkörperte die Pflanze Soma, deren Saft den Göttern Unsterblichkeit verlieh und der den Menschen den Regen schickte, wenn sie das Somaopfer darbrachten. Schließlich sind noch Rudra, der Herr der Tiere, zu nennen, dessen Beiname Shiva ist, und Vishnu, der Bruder Indras. Sowohl Shiva als auch Vishnu wurden später zu Hauptgottheiten des Hinduismus.

Die Schöpfungslehre des Rigveda berichtet von einem Urmenschen (*Purusha*), der sich opfert und aus dem so der Kosmos, die Welt, die Lebewesen und auch die Kasten entstehen. Aus seinem Kopf bzw. Auge entsteht die Sonne, aus seinem Geist der Mond und aus seinen Füßen die Erde. Aus seinem Mund gehen Indra, Agni und die Brahmanen hervor, aus seinen Armen die Fürsten und aus seinen Beinen die Bauern etc. Nach dem Tod erhoffte man sich, in das Paradies des Gottes Indra einzugehen.

Das Opfer spielte in der vedischen Religion eine zentrale Rolle. Veden-Schule in Kerala, Indien.

Sowohl die Opfer als auch die das Opfer ausführenden Priester, die Brahmanen, standen im Mittelpunkt des vedischen Kultes, sodass man auch von brahmanischer Religion spricht. Nach der vedischen Vorstellung garantierten die Götter den Erhalt und die Ordnung des Kosmos, die Menschen stärkten die Götter durch die Opfer – nach dem Prinzip *do ut des* („Ich gebe, damit du gibst“). Aufgrund des Opfers waren auch die Menschen am Erhalt des Kosmos beteiligt. Die Opfer mussten von den Priestern, den Brahmanen korrekt und fehlerfrei ausgeführt werden. Damit verbunden war die Idee der Reinheit, die immer stärker betont wurde. Aufgrund des hohen Stellenwerts des Opfers erlangten die Priester als oberste Kaste immer mehr Macht und soziales Prestige.

Die große Bedeutung von Opfer und Priester bezeugen auch die Veden, die Schriften, die der vedischen Zeitepoche ihren Namen verliehen. Der *Veda* (Skt. = Wissen, Plural Veden) enthält nicht nur die ältesten Texte Indiens, sondern der indogermanischen Sprache überhaupt. Die Veden entstanden in der Zeit zwischen 1500 und 900 v. Chr. und sind in vedischem Sanskrit geschrieben, das heute nicht mehr gesprochen wird, aber immer noch im Hinduismus als heilige Sprache gilt. Hauptthema der Veden ist das von den Priestern durchgeführte Opferritual. Die Texte der Veden wurden viele Jahrhunderte lang mündlich überliefert, ehe sie niedergeschrieben wurden. Man unterscheidet vier Bücher: Rigveda, Samaveda, Yajurveda und Atharveda. Der *Rigveda* (Skt. = Wissen der Verse) ist das erste, wichtigste und älteste Buch des Veda, das zwischen 1500 und 1000 v. Chr. entstanden ist. Der Rigveda umfasst zehn Bücher mit insgesamt 1028 Hymnen, die beim Opfer feierlich vom Priester rezitiert wurden. Das zweite Buch ist der *Samaveda* (Skt. = Wissen der Lieder) mit Opfergesängen, die der Priester während der Opferzeremonie singend vorzutragen hatte. Das dritte Buch ist der *Yajurveda* (Skt. = Wissen der Opfersprüche) und das vierte der *Atharvaveda* (Skt. = Wissen der Zaubersprüche).

Zur vedischen Literatur im weiteren Sinne werden auch die Brahmanas und die Upanishaden gezählt und zusammen mit den Veden als *Shruti* (Skt. = wörtlich „das Gehörte", d. h. die offenbarten Schriften) bezeichnet, im Unterschied zu allen späteren Schriften, den *Smrti* (Skt. = wörtlich „das Erinnerte" bzw. die „Tradition", d. h. die nicht offenbarten Schriften). Die *Brahmanas* (Skt. = das, was zum Priester gehört, 9.–6. Jh. v. Chr.) sind eine Art Kommentar zu den Veden und stellen inhaltlich eine Philosophie des Opfers als Schlüssel zum Verständnis sämtlicher Beziehungen und Zusammenhänge im Kosmos dar. Auf die Brahmanas beziehen sich die späteren *Aranyakas* (= Waldtexte), esoterische Ritualtexte, die wiederum eine der Grundlagen für die Upanishaden bilden.

Die *Upanishaden* (Skt. = Danebensitzen, gemeint ist das Sitzen des Schülers neben dem Lehrer) sind Sammlungen religiös-mystischer Texte, die sich unmittelbar an die Brahmanas und Aranyakas anschließen. Sie sind zwischen 700 und 500 v. Chr. entstanden. Sie werden auch mit dem Begriff *Vedanta* (Skt. = Ende des Veda) bezeichnet. Es handelt sich um Unterweisungen in Dialogform. Inhaltlich wird hier erstmals die für den späteren Hinduismus bis heute grundlegende Alleinheitslehre von der Identität von Atman und Brahman, d. h. der individuellen Seele und der Weltenseele sowie der Lehre von Karma und Samsara, d. h. der Vergeltung der Taten und die Wiedergeburtslehre, thematisiert.

Auch die Lehre von verschiedenen Weltzeitaltern entsteht in der vedischen Zeit (zwischen 400 v. und 100 n. Chr.), beeinflusst von Vorstellungen der Sumerer und Babylonier. Die Zeitalter sind Kritayuga, Tretayuga, Dvaparayuga und das gegenwärtige Kaliyuga. Im ersten Zeitalter hatte der Dharma, die kosmische Ordnung, noch volle Geltung, wurde aber in den folgenden Zeitaltern immer weniger befolgt,

Hinduismus – eine Religion oder viele Religionen?

Bezeichnet der Begriff Hinduismus eine einzige oder viele Religionen? Sah man früher in Nachwirkung des kolonialzeitlichen Verständnisses den Hinduismus als eine Einheit, spricht man heute in der Indologie von Hindu-Traditionen bzw. Hindu-Religionen. Dafür, unter Hinduismus nicht eine, sondern viele Religionen zu verstehen, spricht die Vielfalt der religiösen Richtungen und Bewegungen, wie z. B. der Vishnuismus, Shivaismus und Shaktismus oder die regionalen Stammesreligionen. Darüber hinaus gibt es eine große Zahl von Gruppen, in deren Mittelpunkt die Verehrung eines Gurus steht und die weltweit durch Missionierung viele Anhänger gewonnen haben wie z. B. Sri Aurobindo und seine Lehre des Integralen Yoga, Bhagwan Shree Rajneesh (1931–1990, nannte sich später Osho) und die Bhagwan-, Sannyasi- bzw. Osho-Bewegung, Maharishi Mahesh Yogi (1918–2008) und seine Lehre der Transzendentalen Meditation oder Swami Bhaktivedanta Prabhupada (1896–1977) und seine International Society for Krishna Consciousness (ISKCON). Und schließlich sind noch die synkretistischen Strömungen wie z. B. die der Sikhs oder Kabirpanthis zu nennen oder die hindu-christlichen Richtungen wie Brahmo Samaj oder die Theosophische Gesellschaft.

Konsequenterweise könnte man angesichts der vielen Gruppen den Hinduismus dann aber nicht mehr als Weltreligion bezeichnen, da diese einzelnen „Religionen“ schon von der Zahl der Anhänger nicht mehr dem Kriterium der Weltreligion entsprächen.

Andererseits gibt es eine Reihe von Gemeinsamkeiten, die für den Hinduismus als eine einzige Religion sprechen: So haben alle Richtungen die gemeinsame Vorgeschichte und Tradition der vedischen Religion und berufen sich darauf, gleiches gilt für die heiligen Schriften und Gottheiten (so wird z. B. Shiva auch von Anhängern des Vishnuismus als Gott anerkannt). Entscheidend ist auch die Tatsache, dass der Hinduismus gemeinhin in der breiten Öffentlichkeit als eine Religion gesehen wird, sowohl von „außen“, d. h. von Nichthindus, als auch von „innen“, d. h. von den Hindus selbst. Vor allem im Zuge der indischen Nationalbewegung gibt es heute Tendenzen der Annäherung und des Zusammenschlusses von Vishnuismus, Shivaismus und Shaktismus. Aufgrund dessen wird der Hinduismus auch hier in der Reihe der Weltreligionen mit angeführt – mit dem Hinweis auf die viel größere religiöse Vielfalt als in anderen Religionen. ■

sodass das jetzige Zeitalter Kaliyuga das schlechteste ist und mit dem Weltuntergang endet.

Neben der starken Betonung und dem hohen Stellenwert des Opferrituals entwickelten sich aber ab 800 v. Chr. Gegenbewegungen, bei denen das Opferritual keine so große Rolle mehr spielte. Schließlich wurde in den Upanishaden die neue Lehre der Einheit von Atman und Brahman und die Lehre von Karma und Samsara entwickelt.

Der klassische Hinduismus: Die Grundlagen des modernen Hinduismus

Die vedische Zeit wird ab 200 v. Chr. durch den klassischen Hinduismus abgelöst, der bis 1100 n. Chr. die Grundlagen des heutigen Hinduismus entwickelte. So gewannen die Alleinheitslehre und die Lehre von Karma, Samsara und Moksha der Upanishaden immer mehr an Bedeutung, neue Götter traten in den Vordergrund, und damit verbunden entstanden die monotheistischen Richtungen des Hinduismus: der Vishnuismus ab dem 4. Jh. v. Chr., der Shivaismus ab dem 2. Jh. v. Chr. und der Shaktismus ab dem 6./7. Jh. n. Chr. Als literarische Werke dieser Zeit sind die Epen Ramayana und Mahabharata sowie das Gesetzbuch des Manu (*Manusmrti*) zu nennen, ferner die Puranas, die ab dem 1. Jh. n. Chr. entstanden und für die entstehenden theistischen Traditionen des Vishnuismus, Shivaismus und Shaktismus von Bedeutung sind. Das wohl bekannteste und für den Vishnuismus bedeutendste Werk ist jedoch die Bhagavadgita, die in das Epos des Mahabharata integriert ist.

Vishnu-Tempel in Deogarh aus der Gupta-Zeit.

Die Regierungszeit von Ashoka (268–232 v. Chr.) war geprägt durch religiöse Toleranz, die Gegenbewegungen zur brahmanischen Religion wie Buddhismus und Jainismus wurden gefördert. Mit der auf Ashoka folgenden Dynastie der Sunga erlangte die brahmanische Religion wieder ihre Vorrangstellung. Die Herrschaft der Gupta-Dynastie ab 300 n. Chr. bedeutete eine kulturelle und religiöse Blütezeit. In dieser Zeit wurde nicht nur die hinduistische, sondern auch die buddhistische und jainistische Religion gefördert, was sich nicht zuletzt in einem reichhaltigen religiösen Kunstschaffen, der Entstehung von Klöstern und anderem zeigte. Die Gupta-Dynastie fand Anfang des 6. Jh. durch den Einfall der Hunnen ihr Ende.

Die nachklassische Zeit: Der Sektenhinduismus

Die Zeit zwischen klassischem und modernem Hinduismus von 1100 bis 1858 n. Chr. ist die Zeit neuer religiöser Richtungen und der Herrschaft des Islams in Indien. Sie ist gekennzeichnet durch den sog. Sektenhinduismus, d. h. die Vermischung der monotheistischen Strömungen des Vishnuismus, Shivaismus und Shaktismus mit den unterschiedlichen Stammes- und Volksreligionen in Indien. In dieser Zeit entsteht z. B. der Sikhismus, begründet von Guru Nanak (1469–1539), der sowohl hinduistische als auch islamische Elemente in sich vereint, sich aber weder als hinduistisch noch als islamisch versteht.

711 gelangten erstmals Muslime nach Indien. Das 1206 gegründete Sultanat von Delhi konnte zeitweise ganz Indien unter seiner Herrschaft vereinigen. Durch den Angriff von Timur Lenk 1398 wurde das Delhi-Sultanat so geschwächt, dass sich wieder hinduistische Einflüsse durchsetzten. In Zentralindien bestand das Bhamani-Sultanat (1347–1489) und in Südindien das hinduistische Königreich Vijayanagar (1336/46–1565), benannt nach der gleichnamigen Stadt. Höhepunkt der islamischen Herrschaft in Indien war das Mogul-Reich (1526–1857), das sich über Nord- und Zentralindien erstreckte. Die Begegnung des Hinduismus mit dem Islam hatte – wie auch später die Begegnung mit dem Christentum – eine Rückbesinnung auf die eigene Tradition und deren Verfestigung zur Folge. Andererseits kam es zur gegenseitigen Beeinflussung. So ist die Bhaktifrömmigkeit, die liebende Hingabe an eine Gottheit und eine wichtige Strömung in den theistischen Hindu-Traditionen, durch den Sufismus bzw. die islamische Mystik geprägt. Auch die Entstehung synkretistischer Gruppierungen wie die der Sikhs oder Kabirpanthis, die sowohl durch hinduistische als auch islamische Elemente charakterisiert sind, fallen in diese Zeit. Ab 1700 zerfiel das Mogul-Reich, während die Briten ihre Vorherrschaft in Indien ausbauten

Der Goldene Tempel der Sikh in Amritsar.

und 1858 fast ganz Indien unter ihre Herrschaft gebracht hatten. Das Ende der britischen Kolonialmacht in Indien und die Unabhängigkeit nach 1947 verhinderten nicht die bis heute bestehenden Konflikte zwischen Muslimen und Hindus, die 1947 zur Teilung von Indien und Pakistan führten.

Der moderne Hinduismus: Reformhinduismus und neuere Entwicklungen

Mit Beginn der britischen Kolonialmacht in Indien wird auch der Beginn des modernen Hinduismus angesetzt. Die Zeit der britischen Kolonialherrschaft von 1858 bis 1947 war die Zeit der Begegnung zwischen Ost und West und bedeutete für den Hinduismus – bis heute – sowohl eine Anpassung an die christlich-westliche Kultur als auch gleichzeitig eine Abgrenzung davon und eine Rückbesinnung auf die hinduistische Tradition. Der moderne Hinduismus ist durch die Bewegungen des Reformhinduismus, auch Neohinduismus genannt, geprägt.

Sri Aurobindo (1872–1950), der Begründer des Integralen Yoga.

Der Reformhinduismus entstand als Folge der Begegnung von Hinduismus und Christentum bzw. indischer und europäischer Kultur während der britischen Kolonialzeit – als ein Mittelweg zwischen der Rückbesinnung auf die eigene ethnische Identität einerseits und der Anpassung an die christlich-westliche Kultur andererseits. So sind im Reformhinduismus christliche Einflüsse festzustellen. Beispielsweise übernahm man die Kritik der Europäer am Kastenwesen, an der Witwenverbrennung oder der Kinderheirat. Und man legte großen Wert auf soziales Engagement (Schulen, Krankenhäuser, Waisenhäuser). Im Vordergrund standen ethische Reformbewegungen. Als Reformer zu nennen sind Ram Mohan Roy (1772–1833, Gründer des Brahmo Samaj in Kalkutta), Dayananda Sarasvati (1824–1883, Gründer des Arya Samaj in Bombay), Ramakrishna (1836–1886) und sein Schüler Svami Vivekananda (1863–1902, Gründer der Ramakrishna Mission bei Kalkutta), Sri Aurobindo (1872–1950, Begründer des Integralen Yoga), Rabindranath Tagore (1861–1941, Literaturnobelpreisträger 1913) sowie Radhakrishnan (1888–1975, Philosoph und Politiker, indischer Staatspräsident 1962–67). Im Unterschied zum früheren Hinduismus entstanden jetzt missionierende Strömungen, die auch im Westen Erfolg hatten, wie die von Bengalen ausgehende Hare-Krishna-Bewegung oder die Transzendentale Meditation von Maharishi Mahesh Yogi, um nur zwei von vielen aufzuzählen.

Kennzeichen des Reformhinduismus sind:

- Rückbesinnung auf die Tradition des Hinduismus, wie z. B. die Veden, die aber neu interpretiert werden
- Einflüsse christlich-westlicher Kultur
- Ablehnung der Bilderverehrung, des Kastensystems, der Kinderheirat und der Witwenverbrennung
- Missionstätigkeit

Der Neohinduismus ist auch durch eine national-politische Tendenz geprägt. Seit der Kolonialzeit und der darauf folgenden Unabhängigkeit Indiens wurde die Religion des Hinduismus zu einem wesentlichen Bestandteil nationaler Identität Indiens. Mahatma Gandhi (1869–1948, eigentlich Mohandas Karamchand Gandhi; *Mahatma* = die große Seele) wurde als Führer der Unabhängigkeitsbewegung Indiens vor allem durch sein Prinzip der Gewaltlosigkeit (*Ahimsa*) und der Liebe (*Bhakti*) bekannt. Dies setzte er mit „zivilem Ungehorsam" wie Hungerstreiks oder dem berühmten Salzmarsch, d. h. der Salzherstellung trotz britischen Verbots, in die Tat um.

Auf der anderen Seite gab und gibt es den Hindu-Nationalismus, bestehend aus Gruppen und Bewegungen, die als fundamentalistisch einzustufen sind. Als Vorläuferin heutiger nationaler Bewegungen kann der *Arya Samaj* (= Gemeinschaft der Arier), der 1875 von Dayananda Saraswati gegründet wurde, gelten. Die erste explizit hindunationalistische Bewegung war die *Rashtriya Svayam Sevak Sangh* (RSS = Nationales Freiwilligenkorps), die 1925 von Keshav B. Hedgewar gegründet wurde. Diese war mit Gandhis gewaltlosem Widerstand und dessen Annäherung an muslimische Anliegen nicht einverstanden. 1964 entstand unter dem RSS-Mitglied Golwakar, dem Nachfolger Hedgewars, die *Visva Hindu Parisad* (VHP = Welt-Hindu-Rat), die sich als Kulturorganisation der RSS und als internationaler zentraler Verband der Hindus weltweit versteht. Als politischer Arm der *Sangh Parivar* (= Familie der Hindunationalisten) wurde 1980 die *Bharatiya Janata Party* (BJP= Indische Volkspartei) gegründet, die von 1998 bis 2004 die Regierungspartei Indiens stellte. Eine regional in Mumbai und Maharashtra agierende Partei ist die *Shiv Sena* (= Armee Shivas), die größte Partei in der Metropole Mumbai, die wie in früheren Jahren seit 1995 wieder den Bürgermeister bzw. die Bürgermeisterin stellt. Sie wurde 1966 von Bal Tackeray gegründet.

Hindu-tva (= Hindutum) ist dabei das Schlagwort kollektiver hinduistischer Identität, das die Einheit von Land (Mutter Indien), Volk und hinduistischer Religion („Hindu way of life") zusammenfasst. Ein einheitliches Hindureich mit dem Hinduismus als Grundlage einer Hindu-Nation ist das Ziel des nationalen Hinduismus im Kampf gegen die Muslime, gegen den Westen (früher Großbritannien, heute USA), gegen die vom Hinduismus Abgefallenen und gegen die Modernisierung des Landes. Grundlage der Hindu-tva-Bewegung sind die heiligen Schriften der Veden, das Mahabharata und das Ramayana. Der Kultort Ayodhya des Gottes Rama (bzw. der siebten Inkarnation Vishnus) spielt dabei eine besondere Rolle. Ayodhya wurde in den 1980er und 90er Jahren zum religiösen Politikum umfunktioniert. 1992 wurde die dortige, aus dem 16. Jh. stammende Moschee Babri Masjid zerstört und dies von den nationalen Hindus als Befreiungsakt von der „muslimischen Herrschaft" gefeiert.

Schon in der antiken Zeit ist ein Einfluss des Hinduismus auf die westliche Welt zu vermuten, so in der Seelenwanderungs- und Wiedergeburtslehre des Platonismus und Plotinismus. Der Philosoph Arthur Schopenhauer (1788–1860) machte für das westliche Europa die Schriften des Hinduismus und auch des Buddhismus bekannt und trug so zu deren Popularisierung bei. Die Berufung von August Wilhelm Schlegel an die Bonner Universität 1818 gilt als Beginn der Indologie als Wissenschaft. Durch Friedrich Max Müller wurde der Rigveda erstmals ins Englische übersetzt (1849–1874) und so einer breiten Öffentlichkeit zugänglich gemacht. Die Theosophie bzw. die von Helena P. Blavatsky (1831–1891) und Henry Steel Olcott (1832–1907) 1875 in New York gegründete Theosophische Gesellschaft machte neben dem Buddhismus auch den Hinduismus im Westen bekannt. Die eingangs erwähnten missionierenden Sekten wie z. B. die Bhagwan- bzw. Osho-Bewegung oder die Transzendentale Meditation hatten auch in Europa und in den USA seit den 1960er Jahren Erfolg. Hinduistische Vorstellungen prägten die Hippie-Bewegung und fanden in mehr oder weniger starker Form und in selektiver Weise Eingang in die moderne Esoterik.

Panorama: Lehre, religiöse Traditionen und Lebenspraxis

Gottheiten, Brahman, Atman, Samsara und Karma

Aufgrund der religiösen Vielfalt des Hinduismus gibt es eine Vielfalt von Gottheiten, unterschiedliche Lehren und keine oberste Lehrautorität. Trotz allem wird an dieser Stelle versucht, die wichtigsten Kennzeichen der verschiedenen religiösen Traditionen und Richtungen für den Leser als Überblick zusammenzufassen.

Brahma als Schöpfer, Vishnu als Erhalter der Welt und Shiva als Zerstörer werden gerne als Dreiheit (*Trimurti*) und wichtigste Gottheiten im hinduistischen Pantheon bezeichnet. Für den heutigen Hinduismus sind in der Praxis aber die drei religiösen Richtungen des Vishnuismus, des Shivaismus und des Shaktismus kennzeichnend. In diesen drei Richtungen stehen jeweils die Gottheiten Vishnu, Shiva und Shakti als weibliche Schöpferkraft so stark im Vordergrund gegenüber den anderen, zwar immer noch präsenten, aber diesen untergeordneten Gotthei-

Ganesha, der elefantenköpfige Sohn von Shiva.

ten, dass man fast von einem Monotheismus sprechen kann. Im Vishnuismus spielen neben Vishnu auch dessen Manifestationen als Krishna und Rama eine wichtige Rolle, im Shivaismus neben Shiva seine Frau Parvati, die auch als Durga oder Kali erscheint, sowie Ganesha, der elefantenköpfige Sohn von beiden. Heutzutage ist eine Verschmelzung von Vishnuismus und Shivaismus im Zuge der bereits erwähnten Hindutva-Bewegung, aber auch des modernen, populären Hinduismus festzustellen. Symbol dafür ist die Gottheit Harihara, die die Aspekte Vishnus (Hari) und Shivas (Hara) in sich vereinigt und ikonographisch zur einen Hälfte als Vishnu (oder auch Krishna bzw. Rama) und zur anderen als Shiva dargestellt wird, zusammen mit den Reittieren von beiden Gottheiten.

Vor allem die Ikonographie macht die Vielzahl und Vielfalt der hinduistischen Gottheiten deutlich. Die Gottheiten werden oft mit einem Tier als Begleiter bzw. Reittier dargestellt. Darstellungen der Götter mit vielen Armen weisen auf ihre Macht hin, das dritte Auge z. B. bei Shiva ist Symbol der Weisheit. Die Darstellung der Gottheiten als Tier verweist auf besondere Eigenschaften: Der Elefantenkopf Ganeshas z. B. zeigt dessen Stärke als Beschützer, die Affengestalt Hanumans dessen Klugheit und Gewandtheit.

Neben den großen monotheistischen Religionsrichtungen wie Vishnuismus, Shivaismus oder Shaktismus spielen die Volksreligionen eine große Rolle, die weitgehend im ländlichen Bereich verbreitet und die je nach Region sehr unterschiedlich sind. Kennzeichnend für die Volksreligion sind vor allem ein Diesseits-Bezug und Gottheiten, die Schutz vor Verderben, Katastrophen, Krankheit, Tod etc. gewähren – wie z. B. die Göttin *Shitala* (Skt.= die Kühle), die sowohl Krankheiten bringen als auch davor schützen kann. Wichtig sind auch die Ahnengeister der verstorbenen Familienangehörigen, die Schutz gewähren oder Verderben bringen können. Weithin verehrt werden Mischwesen (*Nagas*) – halb Schlange, halb Mensch – der hinduistischen Mythologie. Sie treten vor allem als Fruchtbarkeitsgenien auf.

Eine Grundlehre des Hinduismus ist die Alleinheitslehre von Brahman und Atman, die unterschiedliche Deutungen und Ausformungen erfuhr. Hier kann nur ein allgemeiner und somit verkürzter Überblick gegeben werden. Das Brahman gilt als das Absolute, das unveränderliche göttliche Urprinzip, als die Weltseele. Das *Atman* (Skt. = Atem) bezeichnet das Selbst, die individuelle Seele des Menschen. Atman ist Teil des Brahman, der kosmischen Weltseele, des Absoluten, d. h. Brahman bildet mit Atman, der individuellen Einzelseele, letztlich eine Einheit. Die Vereinigung mit Atman gilt als Erlösung (*Moksha*). Aber durch die Verbindung mit der materiellen Welt ist der Mensch in den Kreislauf der Wiedergeburten (*Samsara*) eingebunden und sich seines Ursprunges im Brahman nicht mehr bewusst. Erst wenn der Mensch durch die Abkehr von allen weltlichen Begierden zum wahren Wissen, d. h. zur Erkenntnis des Brahman und somit seines Selbst gelangt, erreicht er die Einheit seines Atmans mit dem Brahman. Alles Sein hat seinen Ursprung im Brahman. Die Seele ist identisch mit Brahman (so die Lehre Shankaras) oder ist ein Teil des Brahman (so die Lehre Ramanujas). Für die Verehrer bestimmter Gottheiten verkörpert z. B. Vishnu oder Shiva letztlich das Brahman.

Karma (Skt. = Tat, Werk, Handlung) wird nach der Lehre der Veden zunächst als die Erfüllung ritueller Pflichten verstanden, später verallgemeinert als die Summe aller im Laufe eines Lebens vollführten Handlungen und Taten, die sich auf das Schicksal nach dem Tod im Kreislauf der Wiedergeburten auswirkt. Die Karma-Lehre postuliert einen universalen Vergeltungszusammenhang. Jede, auch die geringste Handlung, hat automatisch Folgen – in Form von Lohn oder Strafe. Damit stellt sich auch nicht die Frage nach Ungerechtigkeit und Leiden in dieser Welt, denn diese erklären sich aus den schlechten Handlungen des vorherigen Lebens.

Samsara, der Kreislauf der Wiedergeburten. Aus Stein gemeißeltes Rad im Saranjapani-Tempel, Kumbakonam.

Samsara (Skt. = Seelenwanderung, wörtlich: Zusammenfließen, beständiges Wandern) ist der Kreislauf der Wiedergeburten, dem sämtliche Wesen im Kosmos, wie Pflanzen, Tiere, Menschen, Götter und Dämonen, unterworfen sind und der sie in schicksalhafter Weise miteinander verbindet – solange, bis sie Befreiung (*Moksha*) davon erlangt haben, d. h. keine Wiedergeburt mehr erfolgt und der Kreislauf der Wiedergeburten beendet ist.

Sanatana Dharma (Skt. = ewige kosmische Ordnung) oder *Varnashrama Dharma*

(Skt. = Ordnung der Kasten und Lebensstadien) sind die Bezeichnungen für „Religion" im Hinduismus, allerdings im umfassenderen Sinne eines indischen „Way of Life". Denn der Inder unterscheidet nicht zwischen religiösem und nicht-religiösem Bereich. So bezeichnet *Dharma* (von „tragen", „halten") die kosmische Weltordnung, die sowohl für das ganze Universum als auch für den Menschen gilt. Dharma beinhaltet daher die Pflichten des Menschen je nach seiner Kaste und seinem Lebensstadium bzw. Alter. Dharma umfasst das ganze Leben des Menschen wie Moral, Gesetz oder Kult im Sinne von Wahrheit und Gerechtigkeit.

Der Hinduismus kennt keine zentrale Lehrautorität oder Institution. Die Brahmanen (Priester) sind in der Ausführung des Kultes (Feste, Begräbnisse etc.) bedeutend, als religiöse Führer spielen vor allem seit dem 19. Jh. die Gurus eine wichtige Rolle. Der Guru ist der Lehrer, Meister oder Wegbereiter im religiösen und spirituellen Bereich. Aufgabe des Gurus ist es, seine Anhänger auf den Weg zur Erlösung bzw. zur Vereinigung mit dem Göttlichen zu führen. Gurus erhielten vor allem in der Bhaktifrömmigkeit, wo die Liebe zum Guru mit der Liebe zur Gottheit gleichgesetzt wurde, eine besondere Bedeutung und ebenso im Tantrismus als Lehrer der tantrischen Lehre und Praxis. Kriterium für die Authentizität eines Gurus ist prinzipiell die Tradition, in der er steht und die er vertritt. Allerdings gab es auch immer Gurus, die sog. Adigurus, die eine eigene Lehrtradition begründeten, die also zum Gründer einer „Sekte" wurden.

Der Vishnuismus

Vishnu wurde bereits in vedischer Zeit verehrt. Schon im Rigveda wird Vishnu als Gott beschrieben, aus dem Erde und Himmel entstanden sind und der sie erhält. Der Mythos erzählt aber auch von der Endzeit, wenn die Welt durch eine Katastrophe vernichtet wird und Vishnu in Schlaf versinkt. Erst wenn Vishnu wieder aufwacht, entsteht eine neue Welt. Die Darstellungen zeigen Vishnu mit vier Armen, in denen er seine Attribute hält: Das Rad als Symbol der Herrschaft über die Zeit, die Schneckentrompete als Symbol der Herrschaft über den Raum, den Lotus als Symbol der Weltentstehung und eine Keule als Symbol der Weltvernichtung. Vishnu wohnt in seinem Paradies Vaikuntha, ist aber auch in den Götterbildern in seinen Tempeln präsent.

In seiner Funktion als Welterhalter wird Vishnu immer dann unter einer bestimmten Erscheinungsform (*Avatara*) aktiv, wenn die Ordnung der Welt bedroht ist. Die zehn *Avataras* (Skt. = Herabstieg, d. h. Inkarnationen) Vishnus sind:

1. Fisch (*Matsya*), der dem König Manu vor dem Ende des letzten Zeitalters den Bau eines Bootes befahl sowie die Rettung eines Paares von jedem Lebewesen
2. Schildkröte (*Kurma*)
3. Eber (*Vahara*)
4. Mannlöwe (*Narasimha*)
5. Zwerg (*Vvamana*)
6. „Rama mit der Axt" (*Parashurama*)
7. Rama, (Sohn des Dasharatha), dessen Taten das Heldenepos Ramayana beschreibt
8. Balarama, der Bruder von Krishna
9. Krishna
10. Kalki, der Reiter, der in der Endzeit erscheinen wird

Vishnu, der hinduistische Gott der Welterhaltung.

In all diesen Erscheinungen erhält und rettet Vishnu jeweils die Welt, vor allem durch Siege über Dämonen, die die Welt bedrohen. Aber auch in besonderen Menschen – so glaubt man – kann sich Vishnu manifestieren.

Die Verehrung Vishnus ist bis in Zeit des 9. bis 6. Jh. v. Chr. zurückzuverfolgen. Der Vishnuismus entstand aus den Kulten verschiedener Gottheiten und göttlicher Gestalten: Vishnu, Narayana, Krishna, Rama und Vasudeva. Die Anhänger dieser verschiedenen Kulte begannen sich ab dem 5. Jh. n. Chr., in der Gupta-Zeit, zu vereinigen. Seitdem wird die Bewegung als Vishnuismus und die Anhänger als Vishnuiten (auch *Vaishnava*) bezeichnet. Heute ist es die zahlenmäßig größte religiöse Gruppe in Indien. Innerhalb der drei Richtungen des Vishnuismus, in denen jeweils die Verehrung Vishnus, Krishnas oder Ramas im

Vordergrund stehen, gibt es wiederum unterschiedliche Richtungen bzw. Schulen.

Als bedeutendster Theologe des Vishnuismus gilt Ramanuja (ca. 1050–1137). Mit seiner Lehre des *Vishishta Advaita* (Skt. = unterschiedene Nichtdualität), dargestellt in seinem Werk „Siddhanta", vertritt er eine gemäßigte Form der Advaita-Lehre des Shankara. Danach ist zwar das Absolute das eigentlich Reale, aber auch die Welt der Vielheit ist real. Die Welt der Vielheit ist aus Vishnu durch Umwandlungen hervorgegangen. Das Absolute, das Eine, hat Qualitäten und manifestiert sich in der Vielheit der Dinge – im Unterschied zur monistischen Lehre Shankaras, wonach das neutrale und qualitätslose Brahman das einzig Wirkliche und die Welt der Vielheit nur Illusion ist. Erlösung, d. h. ein Wiedereingehen in das Absolute, erfolgt nach Ramanuja durch *Bhakti* (Skt. = liebende Hingabe) an die Heilandgottheit Vishnu Narayana.

Krishna hebt den Berg Govardhana hoch. Indische Plastik aus dem 12. Jahrhundert.

Die zweite Gruppe der Vishnuiten verehrt Krishna. Schon seit dem 5. Jh. v. Chr. ist in Nordindien die Verehrung Krishnas durch die Gruppe der Bhagavatas nachweisbar. Krishna erscheint im Epos Mahabharata als Held und Wagenlenker des Arjuna und als Avatara Vishnus. Das Mahabharata (=die große Geschichte der Bharatas) besteht aus 18 Büchern (und 100 000 Doppelversen). Als sein Verfasser gilt der berühmte Sänger und Dichter Vyasa. Verfasst wurde das Mahabharata in dem Zeitraum zwischen dem 4. Jh. v. Chr. und 4. Jh. n. Chr. Inhaltlich schildert es die Machtkämpfe um Herrschaft und Königreich der miteinander verwandten Familien der Kauravas und der Pandavas aus dem Clan der Bharatas und ihrer Verbündeten. Der mit den beiden Familien verwandte Krishna, eine Manifestation Vishnus, verhilft den Pandavas – als Wagenlenker des Pandava Arjuna – zum Sieg und zu der ihnen zugesagten Herrschaft. Mut, Ehre und Kampf werden im Mahabharata als Werte betont.

Vor allem die Bhagavadgita, ein – später eingefügter – Teil des Mahabharata, ist die bis heute bedeutendste und populärste Dichtung des

Hinduismus. In der *Bhagavadgita* (Skt. = Der Gesang des Erhabenen, 3.–2. Jh. v. Chr.) wird Krishna als menschliche Manifestation der höchsten Gottheit dargestellt. In 18 Gesängen schildert die Bhagavadgita die ethische Unterweisung, die Arjuna vor einer Entscheidungsschlacht von Krishna erhält. Krishna offenbart sich Arjuna als die höchste Gottheit und betont die Bhakti (Gottesliebe) zu Krishna als Weg der Erlösung.

Neben der Bhagavadgita wird die Lebensgeschichte Krishnas in den Werken Harivamsha (1.–3. Jh. n. Chr.), Vishnupurana (2.–4. Jh.) und Bhagavata Purana (10. Jh.) beschrieben. Danach ist Krishna der Sohn Vasudevas (deshalb auch die Bezeichnung „Vasudeva Krishna"), des entmachteten Königs von Mathura. Krishna wird vor der Vernichtung durch den Dämon Kamsa gerettet und wächst mit seinem Bruder Balarama bei Hirten auf. Beschrieben wird Krishnas Flötenspiel, seine Liebschaften mit den Hirtenmädchen und sein Sieg über den Dämonen Kamsa. Die Liebe zu Krishna ist für den Menschen das Ziel, die Erfüllung. Die Krishna-Bhakti hat dabei einen erotischen Akzent.

Rama. Holzrelief aus dem 18. Jahrhundert.

Rama wird von der dritten Gruppe der Vishnuiten verehrt. Der Rama-Kult begann im 2. Jh. n. Chr. und ist vor allem in Südindien verbreitet. Rama gilt als idealer König, als Held und als Avatara Vishnus. Im Epos Ramayana (2. Jh. n. Chr.) werden die Taten Ramas beschrieben. Es besteht aus sieben Büchern. Das erste und das siebte Buch, in denen Rama als Avatara Vishnus erscheint, um die Welt vor der Vernichtung durch Dämonen zu retten, wurden später hinzugefügt. In den anderen Büchern wird er als Mensch und als idealer König dargestellt. Hauptthema des Ramayana ist der Kampf Ramas gegen den Dämon Ravana, der Sita, die Frau Ramas, entführt hat. Der Affenkönig Hanuman hilft Rama mit seinem Affenheer. Nach vielen Kämpfen gelingt es Rama, Sita zu befreien. Wieder mit seiner Frau vereint und König geworden, zweifelt Rama an der Treue seiner

Frau, verbannt sie, versöhnt sich später wieder mit ihr und regiert in Ayodhya. Das siebte Buch berichtet, dass Rama Sita erneut für untreu hält und sie verbannt. Sita gebiert zwei Söhne. Das Ramayana endet damit, dass Rama zwar später seinen Fehler einsieht, Sita aber von der Erdgöttin aufgenommen wird. Nachdem Rama seinen Söhnen die Königsherrschaft überlassen hat, wird er wieder zum Gott Vishnu. Sowohl Rama als idealer König als auch Sita als ideale Ehefrau gelten in Indien bis heute als Vorbild.

Der Shivaismus

Shivas (Skt. = der Gnädige, der Freundliche) Bereiche sind Schöpfung und Zerstörung sowie Askese und Sexualität. Während Vishnu die Erhaltung der Weltordnung repräsentiert, vertritt Shiva die Beseitigung von Unwissenheit, die von der zur Erlösung führenden Erkenntnis abhält. Als „König des Tanzes" (*Nataraja*) zerstört Shiva mit seinem Tanz periodisch die Welt und lässt sie danach wieder neu entstehen. Shiva ist der „schreckliche, allgewaltige" Gott (*Ugradeva*), der „Herr des Alls" (*Vishvanatha*), um nur einige seiner vielen Namen anzuführen. Er gilt auch als Herr der Fruchtbarkeit. Shiva war ursprünglich der Beiname des vedischen Gottes Rudra, der Verderben, Krankheit und Tod brachte und mit der Anrufung des Namens Shiva beschwichtigt werden sollte. Shiva wurde dann zum eigentlichen Gottesnamen.

Shiva.
Indische Bronzeplastik,
10.–11. Jahrhundert.

Sein Reittier ist der Stier Nandi. Shiva wird meistens tanzend oder in Askese als Yogi bzw. Asket dargestellt. Er ist auch gekennzeichnet durch ein drittes, geschlossenes Auge in der Mitte der Stirn. Öffnet er dieses Auge, so vernichtet die daraus austretende Feuersglut alles. Das wichtigste Symbol Shivas ist der *Linga* (oder *Lingam* = Zeichen), ein Stein in Form eines aufgerichteten Phallus. Entsprechend wird der Linga auch meist als Phallus interpretiert, der Shivas Schöpferkraft darstellt.

Die „heilige Familie": Shiva mit seiner Frau Parvati und seinem Sohn Ganesha. Indische Miniatur, 18. Jahrhundert.

Shiva, seine Frau Parvati und sein Sohn Ganesha gelten als göttliche Familie im Hinduismus. *Parvati* (Skt. = die Tochter des Berges) verkörpert den weiblichen Aspekt Shivas und wurde so als Shakti zu einem Teil Shivas, der dann mit einer männlichen und einer weiblichen Körperhälfte dargestellt wird. In ihrer furchterregenden Gestalt erscheint Parvati als Durga oder Kali. *Kali* (Skt. = die Schwarze) ist die Göttin des Todes und der Zerstörung sowie der Erneuerung. Sie gilt als schreckliche Göttin, aber auch als Muttergottheit und Beschützerin und hat vor allem in Bengalen einen großen Verehrerkreis. Bildlich wird Kali schwarz oder blau dargestellt, mit herausgestreckter Zunge und einer Halskette aus Totenschädeln. Auch in der Hand hält sie meist einen Totenschädel, und ihr Rock besteht aus abgeschlagenen Beinen. Wie Kali erscheint auch *Durga* (Skt. = die schwer zu Begreifende) ambivalent als gütig oder strafend. Sie ist die Mahadevi, die „Große Göttin", die u. a. Weisheit, Kraft und Frieden symbolisiert. Der Mythos erzählt von ihrem siegreichen Kampf gegen den Büffeldämon. Ihre Attribute sind Pfeil und Bogen, Dreizack und Muschel.

Der elefantenköpfige Gott Ganesha, der Sohn von Shiva und Parvati, ist eine der beliebtesten Gottheiten im Hinduismus. Ganesha ist der Gott der Weisheit und Wissenschaft sowie der Schutzherr der Kaufleute. Er garantiert Glück und Gelingen für einen Neuanfang und eine Unternehmung wie z. B. eine Reise oder Hochzeit. Der Mythos erzählt, dass Parvati Ganesha erschuf. Ganesha bewachte das Haus Parvatis und verwehrte auch Shiva den Eintritt. Dieser war darüber so erzürnt, dass er Ganesha den Kopf abschlug. Shiva bereute dies später und erweckte Ganesha wieder zum Leben, indem er ihm den Kopf eines Elefanten aufsetzte. Ein anderer Sohn Shivas ist der Kriegsgott Kumara (auch Skanda, Karttikeya genannt), wodurch der Shivaismus Erfolg bei Herrschern und Fürsten verbuchen konnte.

Ein grundlegendes Problem in der Theologie der verschiedenen Gruppen des Shivaismus war die Frage, ob die unsterbliche Einzelseele zu einer Einheit bzw. Vereinigung mit Shiva gelangt oder nicht. Während die *Pashupatas* (Skt. = Anhänger des „Herrn der Seelen") und die Lehre des *Shaiva Siddhanta* (Skt. = endgültige Vollendung der shivaitischen Lehre) einen Dualismus bzw. die Verschiedenheit der Einzelseele und Shiva vertreten, betonen der puranische und der kaschmirische Shivaismus die Einheit der Einzelseele mit Shiva.

Der Shaktismus

Die dritte große religiöse Richtung neben Vishnuismus und Shivaismus ist der Shaktismus, dessen Anhänger sich *Shaktais* nennen. Der Shaktismus entwickelte sich aus dem Shivaismus. Dementsprechend bildet die Tradition des Shivaismus auch die Grundlage für den Shaktismus. Der grundlegende Unterschied ist, dass im Shaktismus Shakti (und nicht Shiva) im Mittelpunkt der Verehrung steht. *Shakti* (Skt. = Kraft) gilt generell auch als die weibliche Ur- und Schöpfungskraft im Universum. Der Beginn des Shaktismus als eigenständige Richtung ist mit dem 6./7. Jh. n. Chr. anzusetzen, im 10. Jh. erlebte er eine Blütezeit. Es gibt verschiedene Formen der Shakti-Verehrung:

- abstrakt als *Mahamaya* (Skt. = große Schöpfungskraft), als das höchste Eine,
- als die weibliche Energie des Gottes Shiva, die Shiva erst zum Handeln befähigt, aus ihm hervorgeht und durch die die Welt erschaffen, erhalten oder zerstört wird und
- als *Mahadevi* (Skt. = Große Göttin) in Gestalt einer Göttin wie z. B. Parvati, Kal, Durga, Lakshmi oder Shri.

Kali. Figur aus dem „Freilufttempel" am Strand von Grand Bay, Mauritius.

Im Unterschied zum Kult anderer weiblicher Gottheiten gilt im Shaktismus die Göttin dabei immer als die Energie und Schöpfungskraft, die das kosmische Geschehen und das Heil bedingt. Der Shaktismus ist oft eng mit dem Tantrismus verbunden.

Die Darshanas und die Wege zur Erlösung

Kennzeichnend für den Hinduismus sind auch die sechs *Darshanas* (Skt. = Anschauungen), d. h. die verschiedenen theologischen bzw. religionsphilosophischen Systeme: *Samkhya*, *Yoga*, *Vedanta*, *Nyaya* (Erkenntnisphilosophie), *Vaisheshika* (Naturphilosophie) und *Mimamsa* (Sprachphilosophie). Von besonderer Bedeutung sind dabei Samkhya, Yoga und Vedanta, die hier im Folgenden kurz dargestellt werden sollen.

Die Lehre des *Samkhya* (Skt. = Aufzählung) geht von einem Dualismus zwischen *Prakriti*, der unbewussten Urmaterie und Natur einerseits und *Purusha*, dem bewussten, reinen, absoluten Geist andererseits aus. Prakriti ist die Urkraft, die das materielle Sein der Welt, aber auch die Körperlichkeit, Wahrnehmung und das Denken des Menschen umfasst. Dadurch, dass der Mensch an die Materie gebunden ist und diese für einen Teil seiner selbst hält, wird Leid verursacht, und es kommt zum Kreislauf der Wiedergeburten. Erst durch die Erkenntnis der Anhaftung an die Materie erfolgt die Befreiung vom Kreislauf der Wiedergeburten. In der Lehre des Samkhya spielen das Göttliche oder Gottheiten als letzte Instanz keine Rolle. Erst im Yoga-Samkyha kommt ein theistischer Aspekt hinzu. Die Schule des Yoga-Samkyha entwickelte sich durch die Verbindung der Samkhya-Lehre mit dem Yoga, wobei man Samkhya als das Wissen und Yoga als die Übung versteht. Im Yoga-Samkhya wird Purusha als *Ishvara* (Skt. = Herr des Universums) verstanden.

Yoga (Skt. = Anspannen, Anschirren, vgl. lat. *iugum* = Joch, gemeint ist das „Anschirren" bzw. das Verbinden der Seele mit dem Göttlichen) ist eine Sammlung von Körperstellungs-, Atem- und Konzentrationsübungen, um durch Überwindung des Ich-Bewusstseins die Vereinigung mit dem Göttlichen zu erreichen. Die hinduistische Schule des Yoga lehrt Praktiken der Meditation, die helfen, durch Beherrschung von Körper, Geist und Empfindung ein höheres Bewusstsein zu erlangen und so das Atman, die individuelle Seele, zu befreien, das Brahman, die Weltseele bzw. das Göttliche zu erkennen und sich mit ihm zu vereinigen. Die acht „Glieder“ bzw. Stufen des Yoga wurden erstmals im Yoga-Sutra (2. Jh. v.–5. Jh. n. Chr.) dargestellt:

1. „Beherrschtheit“ im Sinne von ethisch korrektem Verhalten (*Yama*)
2. „Zucht“ im Sinne von Selbstbeherrschung, d. h. Reinheit und Askese (*Niyama*)
3. die (sitzende) Körperhaltung (*Asana*)
4. Atemtechniken und -kontrolle (*Pranayama*)
5. „Abwendung der Sinne von ihren Objekten“ im Sinne von innerer Sammlung und Sinneskontrolle (*Pratyahara*)
6. Konzentration des Denkens auf eine bestimmte Stelle (*Dharana*)
7. Meditation (*Dhyana*)
8. die vollkommene Versenkung, d. h. die Erfahrung der Einheit von Atman und Brahman (*Samadhi*).

Yoga als ein Weg zur Erlangung der Erlösung.

Vedanta (Skt. = Ende des Veda) ist das dritte bedeutend Lehrsystem des Hinduismus. Vedanta war ursprünglich die Bezeichnung für die Upanishaden, die den Abschluss der Veden bildeten, insbesondere für die Gesamtheit der in den Upanishaden dargestellten Lehren. Im Gegensatz zum Dualismus der Samkhya-Lehre wird im Vedanta ein absoluter Monismus, d. h. die Einheit von Brahman und Atman vertreten. Als Hauptvertreter des Vedanta gilt Shankara (788–820 n. Chr.). Er lehrte die Aufhebung des Leidens durch Überwindung der Unwissenheit (*Avidya*). Danach führt Unwissenheit zur Fesselung des Bewusstseins und zur Abhängigkeit von den Dingen der Erscheinungswelt. Die Welt und die Dinge so wie wir sie sehen und erfahren, sind in Wirklichkeit nur

Die Überwindung der Gegensätze: Der Tantrismus

Der Tantrismus (von *tantras* = Gewebe, System, Lehre) ist eine religiöse Richtung im Hinduismus, aber auch im Buddhismus, die von der Weltanschauung ausgeht, dass alle materiellen und geistigen Erscheinungen der Wirklichkeit einen sakralen Charakter haben. Daher werden alle Erscheinungen als Symbol des Göttlichen bzw. der göttlichen Wirklichkeit verstanden und gelten somit als Heilsmittel. Ziel des Tantrismus ist die Aufhebung der Gegensätze wie männlich und weiblich oder Geist und Materie. Vor allem durch Yoga oder auch magisch-rituelle Praktiken versucht man, eine Einheit mit dem Absoluten zu erreichen.

So geht die Praxis des Kundalini-Yoga von der Vorstellung aus, dass die göttliche Energie im Menschen ähnlich wie eine schlafende Schlange zusammengerollt am unteren Ende der Wirbelsäule ruht. Durch spezielle Yoga-Praktiken kann man diese Energie nach oben aufsteigen lassen, indem man die Chakras aktiviert, sodass sie sich am Scheitelpunkt mit dem Absoluten bzw. mit dem Gott Shiva vereinigen kann. Ein *Chakra* (Skt. = Rad, weil er dem Eingeweihten in Form eines Rades erscheint) ist ein Energiezentrum im Menschen, in dem sich die seelische Energie des Menschen und die kosmische Energie (*kundalini*) treffen und verbinden. Der menschliche Körper zeichnet sich durch sieben Chakras aus, die im Bereich des Steißbeines (*muladhara*), des Unterleibes (*svadishthana*), des Nabels (*manipura*), des Herzens (*anahata*), des Halses (*vishudda*), der Stirn (*ajna*) und des Scheitels (*sahasraha*) lokalisiert werden. Durch die Chakras wird der menschliche Körper als Mikrokosmos mit dem Makrokosmos verbunden.

Besonders die sexuelle Kraft sowie die – reale oder bildliche – sexuelle Vereinigung gelten im Tantrismus als Symbol der Überwindung der Gegensätze und der absoluten, göttlichen Einheit. Es gibt unterschiedliche Ausrichtungen bzw. Schulen des Tantrismus mit unterschiedlichen Akzenten. Durch geheime Riten, in die ein Uneingeweihter nur durch Unterweisung eines Gurus eingeführt werden kann, soll durch Beherrschung und Aktivierung von Körper und Geist die Einheit mit dem Göttlichen und somit die Befreiung erreicht werden. ■

Tantrische Darstellung der sexuellen Vereinigung. Indische Miniatur, 19. Jahrhundert.

Schein und Trug (*Maya*). Die Erkenntnis (*Jnana*) zerreißt den Schleier der Maya und führt zum Erwachen.

Den Darshanas entsprechen drei verschiedene Wege zur Erlösung: durch Erkenntnis (*jnana marga*), durch (selbstloses) Handeln (*karma marga*) oder durch liebende Hingabe (*bhakti marga*). Der Weg durch die Erkenntnis ist schon in den Upanishaden in der Lehre von Atman und Brahman vorgegeben. Die „Erkenntnis" besteht darin, zu wissen, dass die individuelle Seele (Atman) und das Göttliche (Brahman) eine Einheit bilden: „Das bist du" (*tat tvam asi*), wie es in den Upanishaden heißt. Ihre verschiedenen Ausprägungen erfährt die Lehre von Atman und Brahman durch die Advaita-Lehre des Shankara, nämlich dass das Atman letztlich Brahman bzw. das Göttliche selbst ist und der Vishishtadvaita-Lehre des Ramanuja, dass das Atman zwar ein Teil von Brahman (des Göttlichen), aber nicht mit ihm identisch ist. Yoga und Askese sind die Wege, zur Erkenntnis zu gelangen.

Der zweite Weg zur Erlösung ist der Weg des Handelns, der durch den Dharma vorgegeben wird: D.h. der Mensch soll seine Pflichten der Kaste, in die er hineingeboren wurde erfüllen, ebenso die Pflichten seiner jeweiligen Altersstufe, als Jugendlicher oder älterer Mensch, aber auch als Mann oder Frau etc. Entsprechend ist im Hinduismus weniger der rechte Glaube (Orthodoxie) als das rechte Handeln (Orthopraxie) entscheidend.

Der dritte Weg zur Erlösung ist der durch Bhakti, der liebenden Hingabe an die Gottheit. Die Bhakti-Bewegung entstand im 7. Jh. in Südindien im Vishnuismus und gelangte im 12./13. Jh. nach Nordindien, wo sie vom Shivaismus übernommen wurde und im 16 Jh. eine Blütezeit erlebte. Gemeinsame Kennzeichen der Bhaktifrömmigkeit sind:

- Verehrung einer als anthropomorph vorgestellten Gottheit (Vishnu, Krishna, Rama, Shiva) als einzige und höchste Macht,
- Religiosität der Liebe und der Gnade, d. h. Vertrauen auf die Liebe und Gnade Gottes und
- die rituelle Verehrung der Gottheit in Gestalt ihres Idoles (*puja*) im Tempel oder zu Hause, die aus meist 16 Elementen besteht, wie z. B. die Anrufung, Waschung, Bekleidung und Beopferung der Gottheit bzw. ihrer Statue.

Kult und Feste

Das rituelle Leben ist geprägt von häuslichen Riten, dem Tempelkult und den großen Festen, die sich nach dem Mondkalender richten, allerdings in Koordination mit dem Sonnenkalender. Voraussetzung für den Ritus und Kult ist die Reinheit. Neben den Festen, die in ganz Indien und von allen Hindus gefeiert werden, gibt es eine Vielzahl von Feierlichkeiten, die nur regional oder nach Glaubensrichtung begangen werden. Die Feste sind oft Erinnerung an die Geburt und bestimmte Taten einer Gottheit oder eines Helden. Im Vishnuismus sind dies Feste zu Ehren des Geburtstags und der Taten von Vishnu, Krishna und Rama, im Shivaismus die von Shiva (z. B. die „Nacht Shivas" im Februar), Durga (z. B. die *Durgapuja* im Herbst und Frühjahr), Ganesha und Kartikeya. In ganz Indien wird das Frühlings- bzw. Erntefest *Holi* gefeiert.

Hinzu kommen in jeder Familie Riten zur Erinnerung an die Ahnen. Besonders im Oktober und November bringt man den Ahnen Speise- und Trankopfer dar, da sie in dieser Zeit nach hinduistischem Glauben von dem Totengott Yama für ein paar Tage aus seinem Reich entlassen werden, um auf die Erde zurückzukehren – ähnlich wie bei uns Allerseelen. Waren in vedischer Zeit Tieropfer üblich, gibt es diese heute im Vishnuismus und Shivaismus gar nicht mehr, nur im Shaktismus werden noch Tieropfer dargebracht. Sprichwörtlich wurde die Verehrung der „heiligen Kuh", die im 11. Jh. zum Symbol des Hinduismus wurde.

Die Heirat und die damit verbundene – vor allem männliche – Nachkommenschaft ist vor allem für den Ahnen- und Totenkult von Bedeutung, aber auch für die Sicherung der Altersversorgung der Eltern des Brautpaares. Hochzeiten sind eine öffentliche Sache, bei der sich der Status einer Familie verbessern oder verschlechtern kann. Hochzeiten werden daher in den meisten Fällen vermittelt und arrangiert zwischen den Familien des Brautpaares, oft durch einen Heiratsvermittler. Manchmal werden die Ehen schon im Kindesalter arrangiert. Die Brauteltern zahlen eine Mitgift an den Bräutigam, die nicht selten zur Verschuldung führt und einer der Gründe dafür ist, dass die Geburt von Söhnen bevorzugt wird.

Die Bestattung findet üblicherweise in Form der Verbrennung auf einem Scheiterhaufen statt. Die Asche und die Gebeine übergibt man danach in einem als heilig geltenden Fluss wie dem Ganges. Anschließend werden zwölf Tage lang Riten (*Sapindikarana*) vollzogen, damit der Tote zum Ahnen wird. Dafür ist es nötig, dass der Tote ernährt, ihm ein Kör-

Die Kasten

Kasten (portugies. = Art, Stamm, Geschlecht) sind sozial-religiöse Schichten, durch die die Gesellschaftsordnung im Hinduismus hierarchisch gegliedert ist. Der Begriff „Kaste" heißt im Hinduismus selbst *varna* (Skt. = Farbe, im kosmologischen Sinne). Man unterscheidet vier Hauptkasten:

1. die *Brahmana* (Priester und Gelehrte)
2. die *Kshatriya* (Krieger und Fürsten)
3. die *Vaishya* (Bauern und Kaufleute)
4. die *Shudra* (Handwerker und Dienstleistende)

Außerhalb des Kastensystems und ganz unten in der gesellschaftlichen Ordnung stehen die Kastenlosen, die „Unberührbaren" (da sie als unrein angesehen werden). Früher sprach man von „Parias", heute hat sich die Eigenbezeichnung der Kastenlosen, *Dalit* (Skt. = zerbrochen), durchgesetzt.

Offiziell ist die Kastenordnung in Indien laut Gesetz abgeschafft, in der Praxis bestimmt sie aber immer noch die indische Gesellschaft und das Alltagsleben. Wie bereits erwähnt, umfasst der Dharma die kosmische Ordnung und die sich daraus für den Menschen ergebenden religiösen und gesellschaftlichen Normen. Nach dem Dharma zu leben bedeutet in erster Linie, die Pflichten und Aufgaben seiner Kaste entsprechend zu erfüllen, z. B. einen durch die Kaste vorgegebenen Beruf auszuüben. So enthält der Dharma je nach Kaste verschiedene Pflichten und Rechte. Legitimiert und begründet sowie in einen universalen Kontext gestellt wird das für Außenstehende sozial ungerecht erscheinende Kastensystem mit der Karma-Lehre: Die in einem Leben angesammelten guten oder schlechten Taten wirken sich – praktisch als Lohn oder Strafe – entsprechend im nächsten Leben aus. Somit ist jeder Mensch selbst für sein Schicksal im nächsten Leben verantwortlich. Und somit werden sowohl die Privilegien der oberen Kasten als auch die sozialen Nachteile der unteren Kasten oder Kastenlose als verdient oder selbst verschuldet legitimiert.

Neben den Kasten wird die indische Gesellschaft durch die *Jatis* (Skt. = Geburt, Geburtsgruppe) bestimmt. Jati entspricht weitgehend einem Clan, d. h. einer Abstammungs- bzw. Verwandtschaftsgruppe bzw. Großfamilie. Jede Kaste besteht jeweils aus vielen Jatis und durch die Zugehörigkeit zur Jati lässt sich auch die zur Kaste feststellen. Insgesamt besteht die indische Gesellschaft aus ungefähr 3000 Jatis, die wiederum in viele Untergruppen aufgeteilt sind. Während man innerhalb einer Kaste von einer Jati zur anderen aufsteigen kann, ist ein Aufstieg von einer Kaste zur anderen theoretisch nicht möglich. In der Praxis gab es aber Ausnahmen, so z. B. für eine Frau, die einen Mann einer höheren Kaste heiratete. Dies galt aber umgekehrt nicht für einen Mann. Es konnte auch eine ganze Jati in eine höhere Kaste wechseln. ■

Ayodhya, die heilige Stätte des Rama.

per geschaffen und die Reise ins Jenseits ermöglicht wird. Für die Verwandten des Toten haben diese Riten den Zustand der Unreinheit zur Folge, sodass sie z. B. nicht den Tempel besuchen dürfen. Obwohl seit 1829 verboten, kommt es in der Praxis in seltenen Fällen immer noch zu Witwenverbrennung (*Sati*). Ursprünglich handelte es sich um eine Begleitung in den Tod von Herrschern und Kriegern und war nicht auf die Witwe beschränkt.

Heilige Orte im Hinduismus sind die Wirkungsorte von Gottheiten, aber auch von Heiligen. So sind z. B. Mathura, Vrindavana und Dvaraka heilige Stätten Krishnas, Ayodhya, Rameshvar und Ramtek heilige Stätten Ramas.

Ausblick und Fazit

Der Hinduismus ist in jeder Hinsicht eine Religion mit vielen Gesichtern: Eine Vielfalt von Gottheiten einerseits, die Vorstellung vom Brahman als ein hinter allen Gottheiten stehendes göttliches Prinzip andererseits. Auf der einen Seite die tiefe Verwurzelung in der Tradition, die sich vor allem auch am Kastensystem oder an der Rolle der Frau zeigt, auf der anderen Seite die Anpassungsfähigkeit, die die hinduistischen Vorstellungen auch für die westliche Welt attraktiv machen. Auf der einen Seite Toleranz und Offenheit gegenüber anderen Religionen, auf der anderen Seite der hinduistische Nationalismus als fundamentalistische Bewegung, die andere Glaubenseinstellungen radikal ablehnt. Vor allem die Diskriminierung von Frauen sorgt immer wieder für Schlagzeilen. Gerade aufgrund seiner Vielfältigkeit ist der Hinduismus eine sehr anpassungsfähige Religion und übt als solche seit dem letzten Jahrhundert auch auf die westliche Welt eine große Faszination aus. Dies belegen nicht zuletzt der Erfolg indischer Sekten seit den 1960er Jahren und die moderne Esoterik mit ihren starken hinduistischen Einflüssen, ganz abgesehen von den religiösen Praktiken wie z. B. Yoga, die heute zu unserer westlichen Alltagskultur zählen.

Buddhismus

„Ich nehme meine Zuflucht zum Buddha.

Ich nehme meine Zuflucht zur Lehre.

Ich nehme meine Zuflucht zur Gemeinde.“

Die viertgrößte Weltreligion mit ca. 376 Millionen (6 Prozent) Anhängern erfreut sich seit den 1970er Jahren auch im Westen immer größerer Beliebtheit. Der Buddhismus entwickelte sich aus der vedischen Religion bzw. der frühen Form des Hinduismus als eine Reformbewegung und geht auf einen historischen Stifter, Buddha, zurück. Heute ist der Buddhismus vor allem in den Ländern Süd- und Ostasiens sowie Südostasiens verbreitet, in seinem Ursprungsland Indien spielt er keine bedeutende Rolle mehr.

Geschichte

Buddha

Buddha ist der Stifter des Buddhismus, seine Existenz gilt als historisch gesichert. Ebenso können seine Herkunft aus einer brahmanischen Fürstenfamilie in Nepal, die Verkündigung der buddhistischen Lehre sowie die Gründung des ersten Mönchsordens durch ihn und auch Buddhas Lebensdaten von 450 bis 350 v. Chr. (früher wurde oft 560–480 v. Chr. angegeben) historisch als wahrscheinlich gelten. Alles andere, was die Tradition über Buddhas Leben erzählt und im Folgenden zusammengefasst wird, ist mehr der Legende als der historischen Wirklichkeit zuzuordnen.

Buddha (Skt. = der Erwachte, der Erleuchtete) ist der religiöse Ehrentitel. Er stammte der Legende nach – aus dem indischen Adelsge-

Buddha-Statue auf der Insel Lantau, Hongkong.

schlecht der *Shakya*, daher auch der Name *Shakyamuni*, „der Weise aus dem Geschlecht der Shakya", sein Vorname war Siddhartha, sein Familienname Gautama. Geboren wurde er in Kapilavastu im heutigen südlichen Nepal, als Buddha wirkte er in Nordindien. Sein Vater Shuddhodana war ein indischer Fürst im damaligen Fürstentum Kosala, seine Mutter starb bei seiner Geburt. Siddhartha wurde von der Schwester seiner Mutter, Mahapajapati, erzogen und wuchs als Prinz wohlbehütet und ohne materielle Sorgen auf. Mit sechzehn Jahren heiratete er seine Kusine Yashodhara. Kurz nachdem sein Sohn Rahula geboren wurde, Siddhartha war 29 Jahre alt, zog er „aus der Heimat in die Heimatlosigkeit". Die Legende berichtet von vier Ausfahrten aus dem Palast, die dies veranlassten: Bei der ersten Ausfahrt begegnete er einem alten Mann, bei der zweiten einem Kranken und bei der dritten einem Toten. Bei der vierten Ausfahrt traf er auf einen Asketen, der ihn zur Nachahmung veranlasste. Siddhartha verließ seine Familie und Heimat und versuchte nun ein Leben in strenger Askese. Nach sieben Jahren kam er zur Erkenntnis, dass der „mittlere Weg" zwischen Wohlstand und strenger Askese geeigneter sei und praktizierte ihn von nun an. So gelangte er während einer Meditation unter einem Feigenbaum (*Bodhi*-Baum) in der Nähe von Bodh-gaya im Alter von 35 Jahren zur Erleuchtung und wurde so zum „Buddha", zum Erleuchteten. Im Gazellenhain von Benares hielt er vor fünf Anhängern und späteren Mönchen, die ihn schon während seiner Zeit als Asket begleitet hatten und beim Abbruch der Askese zunächst von ihm enttäuscht waren, seine erste Predigt und setzte damit das „Rad der Lehre" in Bewegung. Fortan zog Buddha 45 Jahre lang durch Nordindien – durch die Königreiche Kosala und Magadha –, predigte seine Lehre und gründete eine Jünger-

bzw. Ordensgemeinschaft. Der engere Kreis bestand aus 16 (oder 18) Jüngern, bei denen es sich eher um Typen als um historische Personen handelt. Genannt werden z. B. Buddhas Lieblingsjünger, sein Vetter Ananda, sein Sohn Rahula, ferner Upali und das Freundespaar Sariputta und Moggallana sowie sein Vetter Devadatta, der dem Buddha aber nicht wohlgesonnen war und sogar einige Anschläge auf sein Leben versuchte. Buddha lehnte es zunächst ab, Frauen als Mitglieder des Ordens aufzunehmen. Für ihn galt die Frau als Versuchung, die den Kreislauf – und nicht das Ende – der Wiedergeburten fördere. Erst auf Bitten seiner Tante und Pflegemutter Mahapajapati erlaubte der Buddha auch Frauen die Aufnahme in den Orden, mit dem Hinweis, seine Lehre werde deshalb keine tausend Jahre überdauern – worin er sich irrte. Buddha führte das Leben eines „Wanderpredigers", das entsprechend durch Wanderung und Predigt außerhalb der Regenzeit und eine Pause dieser Wandertätigkeit während der Regenzeit (Juni bis August) bestimmt war, wo er dann von Königen oder Adligen als Gast aufgenommen wurde. Buddha starb mit 80 Jahren um 350 v. Chr. aufgrund des Genusses verdorbener Lebensmittel, wie es heißt.

Die Ausbreitung des Buddhismus

Der Buddhismus konnte zunächst in Indien und Sri Lanka Fuß fassen und breitete sich weiter aus nach Myanmar (früher Birma), Thailand und Kambodscha, auf die indischen Inseln Java, Sumatra und Borneo sowie nach Zentralasien, vor allem Ostturkistan, wo der Buddhismus eine Blütezeit erlebte. Zum anderen breitete sich der Buddhismus nach China und Korea aus und von dort nach Japan. In Indien wurde der Buddhismus im 8. und 9. Jh. immer mehr vom Hinduismus verdrängt – bis zu seinem völligen Verschwinden im 13. Jh. Bis aus Tibet und der Mongolei wurde der Buddhismus in Zentralasien im 9. Jh. durch den Islam verdrängt.

Es wird berichtet, dass schon drei Monate nach Buddhas Tod ein erstes Konzil stattfand, um die Lehre und die Ordensregeln Buddhas festzuhalten. Ein zweites Konzil soll es um 380 v. Chr. gegeben haben. Im Laufe dieser hundert Jahre waren schon verschiedene Gruppierungen im Buddhismus entstanden, die die Lehre Buddhas unterschiedlich auslegten. Eine dieser Gruppen war die Schule der *Mahasanghikas* (Skt. = große Gemeinde), die die elitäre Position der Mönche in Frage stellte und für eine größere Rolle der Laien eintrat. Diese Schule spaltete sich von den *Theravadins* (Skt. = Lehre der Alten) ab und aus ihr entwickelte sich im Zeitraum von der Zeitenwende bis um 500 n. Chr. der Mahayana-Buddhismus. Allerdings ist es fraglich, ob diese beiden ersten Konzile historisch sind. Das dritte, historisch nachweisbare Konzil fand im 3. Jh. v. Chr. (wohl um 257 v. Chr.) im heutigen Patna unter Kaiser Ashoka statt. Ziel war es, eine einheitliche Lehre zu schaffen, es wurde der „Korb des Lehrsystems" (*Abhidharma-Pitaka*) zusammengestellt. In der Zeit des dritten Konzils spalteten sich die Sarvastivadas als eigene Schule von den Theravadins ab. Um 190 v. Chr. kam es zur Gründung der Dharmagupta-Schule. Es folgten weitere Konzile, die aber keine so entscheidenden Konsequenzen für die zukünftige Entwicklung des Buddhismus hatten: das vierte Konzil (2. Jh. n. Chr.), das fünfte Konzil (1871) und das sechste Konzil (1954–56), das jedoch nur von den Theravadins als Konzil angesehen wird.

Bis heute sind Theravada und Mahayana die zwei prägenden Schulrichtungen des Buddhismus. Der das Mönchtum betonende Theravada- bzw. der südliche Buddhismus erlangte in Südindien und Sri Lanka eine vorherrschende Stellung und konnte sich von dort aus in Südostasien ausbreiten. Der die Position der Laien betonende Mahayana- bzw. der nördliche Buddhismus gelangte über den Handelsweg der Seidenstraße nach Zentral- und Ostasien, einschließlich China und Japan. In der Form des Vajrayana fasste der Mahayana-Buddhismus auch Fuß in Tibet, Bhutan, Nepal und in der Mongolei.

Sri Lanka und Myanmar wurden durch die von Kaiser Ashoka veranlasste Mission buddhistisch. Sri Lanka soll von einem Sohn Ashokas, dem Mönch Mahinda, missioniert worden sein. In Südostasien wurde zunächst Myanmar buddhistisch. Von dort breitete sich der Buddhismus im 13. Jh. in Thailand aus. Im 14. Jh. gewann der Theravada-Buddhismus auch in Kambodscha an Bedeutung. Eine Zäsur und Krise in der buddhistischen Geschichte stellen einerseits die islamische Eroberung und die Kolonialisierung durch die westeuropäischen Länder dar, die andererseits aber auch zu Erneuerungsbewegungen führten.

Durch die Seidenstraße als Handelsroute breitete sich der Buddhismus in Richtung Westen aus. Die nach den Eroberungen Alexanders des Großen (330 n. Chr.) sich entwickelnde Gandhara-Kultur, vor allem die Skulpturen oder auch der Pali-Text „Die Fragen des Königs Milinda" (gemeint ist der griechische König Menandros), belegen die Wechselbeziehung zwischen griechischer und buddhistischer Kultur. Ebenso gab es gegenseitige Beeinflussungen zwischen Gnosis und Manichäismus auf der einen und Buddhismus auf der anderen Seite.

Um 300 n. Chr. ist der Buddhismus auch in China nachweisbar. Von Korea und China aus gelangte er im 6. Jh. nach Japan.

Die ersten sieben Schritte Siddhartas. Darstellung aus der Ghandara-Zeit, 2./3. Jahrhundert.

China

Nach China gelangte der Buddhismus über die Handelsroute der Seidenstraße und auch über den Seeweg. Der Legende nach hat bereits Kaiser Ming (reg. 57–75) eine Gesandtschaft nach Indien geschickt, um nähere Informationen über den Buddhismus zu erhalten. Die ersten buddhistischen Einflüsse in China sind um die Mitte des 1. Jh. n. Chr. anzusetzen. Jedenfalls existierten um 300 n. Chr. eine große Zahl buddhistischer, ins Chinesische übersetzte Texte sowie buddhistische Zentren wie z. B. Loyang, Pengcheng oder Kuaichi. Der Buddhismus fand – mehr als Philosophie denn als Religion – seine Anhänger zunächst vor allem in der gesellschaftlichen Oberschicht.

Der Buddhismus traf in China auf die einheimischen und bis heute existierenden Religionen des Daoismus und des Konfuzianismus. Dabei kam es zu gegenseitiger Beeinflussung und Aufnahme zwischen Buddhismus auf der einen und Daoismus und Konfuzianismus auf der anderen Seite, aber auch zu Konfrontation und Abgrenzung, die die Herrscher oft für sich zu nutzen wussten.

Buddhistisch-chinesische Mönche unternahmen Pilgerreisen nach Indien, um dort die heiligen Schriften zu studieren und schrieben Berichte darüber. Als bekanntestes Beispiel dieser Pilger ist Xuanzang (gest. 664) zu nennen, der die Faxiang-Schule begründete. In China entstanden eine Reihe von neuen buddhistischen Schulen, neben der Faxiang-Schule sind etwa die Tientai-Schule, die Huayana-Schule und die

Ashoka – Krieger und Missionar des Buddhismus

Eine erste Blütezeit erlebte der Buddhismus unter König Ashoka (268–232 v. Chr.) aus der Dynastie der Maurya, der über ein Großreich in Indien herrschte. Er förderte den Buddhismus, tolerierte aber gleichzeitig auch andere Religionen. Unter seiner Herrschaft erfolgte eine weite Verbreitung des Buddhismus. Ashoka ging bei seinen ersten Eroberungen im Osten Indiens zunächst mit äußerster Härte vor. Dann erfolgte ein Wandel: Ashoka bekannte sich zum Buddhismus, lehnte gewaltsame Eroberungen von nun an ab, förderte den Buddhismus und setzte sich in diesem Zusammenhang für Frieden und soziale Wohlfahrt ein. So ließ er z. B. die weltweit ersten Krankenhäuser nicht nur für Menschen, sondern auch für Tiere erbauen. Unter Ashoka erfolgte die erste intensive, aber gewaltlose Verbreitung des Buddhismus. Wie die Überlieferung berichtet, soll Ashoka Gesandtschaften nach China, in die Gebiete von Myanmar, Thailand und Kambodscha sowie nach Ägypten, Syrien, Mazedonien, Epirus und Cyrene geschickt haben, was aber historisch nicht sicher ist. In seinen Edikten, deren Texte sich eingemeißelt in Stein, Felsen oder in Säulen finden, forderte Ashoka seine Untertanen zu einer sittlich-moralischen Lebensführung auf, zu Gewaltlosigkeit, Mitleid und Toleranz, außerdem verbot er Tieropfer. Nach Ashokas Tod verlor die Maurya-Dynastie immer mehr an Macht und wurde schließlich von anderen Dynastien abgelöst. Dadurch verlor auch der Buddhismus seine Vorrangstellung, während der Hinduismus wieder erstarkte. Bis heute gilt Ashoka in allen buddhistischen Ländern als großer Herrscher, der in idealer Weise politische Macht und ein religiös-sittliches Leben miteinander verband. Ashoka ist das Beispiel par excellence dafür, dass sich der Buddhismus im Verlauf der weiteren Geschichte immer dann erfolgreich ausbreitete, wenn er von Herrschern gefördert wurde. ■

Das Löwen-Kapitell der Ashoka-Säule von Sarnath (Sarnath-Museum), Überrest einer der Säulen, auf die der Herrscher Ashoka seine Edikte meißeln ließ, ist heute das Symbol Indiens.

Chinesische Buddhadarstellung, für die besonders der dicke Bauch als Zeichen des Glücks typisch ist und die nicht den historischen Buddha darstellen.

bekannteren Schulen des Reinen Landes und des Chan (japanisch: Zen) zu nennen, die auch in Japan erfolgreich waren.

Das ganze erste Jahrtausend n. Chr. wurde China entscheidend durch den Buddhismus geprägt, im Laufe des zweiten Jahrtausends ließ seine Bedeutung nach. Nach der Gründung der Volksrepublik China 1949 wurde der Buddhismus verfolgt. 1953 wurde die Chinesische Buddhistische Gesellschaft gegründet, die ihn bis heute offiziell vertritt und repräsentiert. Erst in den 1980er Jahren kam es aufgrund der veränderten liberaleren Einstellung des Staates zu einem gewissen Aufschwung des Buddhismus. Heute leben ca. 100 Millionen Buddhisten in China, das ist ca. ein Viertel von allen Buddhisten auf der ganzen Welt.

Japan

Der Legende nach schickte der Herrscher von Korea im Jahr 552 eine buddhistische Gesandtschaft nach Japan. Historisch daran ist zumindest, dass Japan erste Kontakte mit dem Buddhismus von Korea aus erhielt, die allerdings wohl schon früher anzusetzen sind. Aber erst durch

Kontakte zwischen China und Japan wurde der Buddhismus unter Shotoku-Taishi (573–622) gefördert und konnte sich etablieren. Von China übernahm der japanische Buddhismus nicht nur die Schriften, sondern auch die verschiedenen Schulen wie z. B. die Reine-Land-Schule oder die Schulen des Zen-Buddhismus. Im Unterschied zu China, wo die buddhistische Literatur ins Chinesische übersetzt wurde, wurden nur wenige Schriften ins Japanische übersetzt. Sie wurden stattdessen in der chinesischen Sprache gelesen. Nicht nur die chinesische Form des Buddhismus, sondern auch Elemente des Konfuzianismus wurden übernommen und vermischten sich mit Elementen der einheimischen bzw. vorbuddhistischen und bis heute bestehenden Religion Japans, dem Shinto. Der Erfolg des Buddhismus in Japan beruht auf drei Faktoren: Wie in China spielten die Laien auch in Japan eine besondere Rolle, vor allem durch die Möglichkeit der Buddhaschaft für Laien. Wie in China konnte sich auch in Japan der Buddhismus mit Heilungskonzepten und -therapien verbinden. Und schließlich konnte sich der Buddhismus wie in China auch in Japan mit der autochthonen Religion verbinden und nahm Gottheiten der Shinto-Religion als Bodhisattvas und Buddhas auf, was die Annahme des Buddhismus erleichterte.

Amida-Buddha, Kotoku-Tempel in Kamakura, 13. Jh.

Durch das Anwachsen der politischen Macht der Klöster und der damit verbundenen Dekadenz des mönchischen Lebens kam es zu Reformbewegungen: So entwickelte sich z. B. der Amida-Buddhismus und wurde durch Honen-Shonin (1133–1212) und Shinran-Shonin (1173–1262) etabliert. Zur gleichen Zeit führten Eissai (1141–1215) und Dogen (1200–1253) den Zen-Buddhismus aus China ein. Ebenfalls um diese Zeit entstand die von Nichiren (1222–1282) begründete Nichiren-Schule, für die das Lotus-Sutra die wahre Lehre Buddhas darstellte und die durch eine politisch-nationale Tendenz charakterisiert war. Diese drei Formen des japanischen Buddhismus hatten eine große Breitenwirkung und konnten sich durch das sog. Danka-System während der Tokugawa-Zeit (1603–1867) festigen. Ziel des Danka-Systems war es, die Ausbreitung des Christentums durch Isolierung Japans von der Außenwelt zu verhindern. Die Zeit der Herrschaft der Tokugawa-Dynastie bedeutete aber gleichzeitig auch eine Stagnation des Buddhismus aufgrund der Isolierung Japans von der Außenwelt. In der Meiji-Zeit (1868–1912) wurde zunächst die Shinto-Religion als Staatsreligion gefördert und der Buddhismus unterdrückt und buddhistische Einrichtungen teilweise zerstört. Doch schon bald erfolgte als Reaktion darauf eine Erneuerungsbewegung des Buddhismus: Es entstanden neue buddhistische Schulen und Sonderformen bzw. Sekten, die unter dem Begriff *Shinshukyo* (jap. = neue Religionen) zusammengefasst werden und neben buddhistischen auch hinduistische und christliche Einflüsse aufweisen. Diese Vielfalt prägt bis heute das Bild des japanischen Buddhismus.

Zentralasien und Tibet

In Zentralasien erlebte der Buddhismus im 1. Jahrtausend n. Chr. eine Blütezeit und dann – nach einer Zeit des Rückgangs – eine Renaissance unter der Mongolenherrschaft im 13. und 14. Jh.

Schon im 4. Jh. n. Chr. hat es wohl erste Kontakte mit dem Buddhismus im Gebiet der späteren Mongolei gegeben. Unter der Herrschaft von Kublai Khan (1215–1294, ein Enkel von Dschingis Khan), der ein mongolisches Großreich von China, Korea, Zentralasien bis nach Südrussland schuf, bekehrte sich zwar die mongolische Oberschicht, aber nicht die breite Bevölkerung zum Buddhismus. Als die Mongolen aus China vertrieben wurden, verlor der Buddhismus an Bedeutung. Im 16. Jh. kam es dann durch die tibetische Gelugpa-Schule, die maßgebend für den mongolischen Buddhismus wurde, zu einer zweiten, dauerhaften Bekehrung der Mongolen unter dem Herrscher Altan Khan (geb. 1506). Ein Urenkel von Altan Khan wurde zum vierten Dalai Lama ernannt. Der Buddhismus wurde bei den Mongolen sogar Staatsreligion. Nach der Gründung der Mongolischen Volksrepublik 1924, an der noch die Lamas beteiligt waren, wurden diese entmachtet, und es folgte der Niedergang des Buddhismus in der Mongolei. Die „Rotmützen“ bekehrten im 17. Jh. die Burjaten und Kalmücken in Ostsibirien zum Buddhismus, wodurch dieser erstmals auf europäischen Boden gelangte. Die „Rotmützen“ verbreiteten den Buddhismus auch in den Ländern des Himalaya, in Ladakh, Sikkim und Bhutan.

Der Lamaismus ist die aus dem Mahayana-Buddhismus in Tibet entstandene Form des Buddhismus, die heute in Tibet, der Mongolei, Nepal, Bhutan, in Teilen Indiens sowie in China und Teilen Russlands verbreitet ist. Der erste historische Kontakt mit dem Buddhismus in Tibet erfolgte unter der Herrschaft des Königs Songtsen Gampo (629–650), hatte aber zunächst nur geringe Auswirkungen aufgrund des Widerstandes durch Vertreter der Bön-Religion. Die Bön-Religion ist die vorbuddhistische Religion in Tibet, in der der Schamanismus eine wichtige Rolle spielte. Der spätere Buddhismus in Tibet wurde stark von der Bön-Religion beeinflusst, umgekehrt die Bön-Religion aber auch vom Buddhismus. Erst unter der Regierung des Königs Tisong Detsen (755–797) wurde der Buddhismus in Tibet Staatsreligion und konnte dauerhaft Fuß fassen – und zwar nach einem Disput zwischen Buddhisten und Vertretern der Bön-Religion, bei dem die Buddhisten erfolgreich ihren Standpunkt vertraten. Hinzu kam die erfolgreiche Tätigkeit des buddhistischen Mönches Padmasambhava aus Indien. Padmasambhava gründete die Nyingmapa als älteste buddhistische Schule in Tibet und das erste Kloster Samye (ca. 775 n. Chr.). Beschleunigt wurde der Prozess der „Nationalisierung“ des Buddhismus auch aufgrund der Schaffung einer eigenen kanonischen Literatur in tibetischer Sprache durch Übersetzungen von indischen Texten. Die erste Blütezeit des Buddhismus im 9. Jh. wurde durch die Herrschaft von Glan-dar-ma (838–842) beendet, der Buddhismus wurde unterdrückt. Nach der Ermordung Glan-darmas durch einen buddhistischen Mönch kam es erst wieder im 11. und 12. Jh. zu einem Aufschwung des Buddhismus. Im Zuge dieses Aufschwunges wurden eine Reihe von Klöstern und verschiedene Schulen gegründet, wie die Schule der *Kadampa* (tibet. = die an das Wort Gebundenen), der *Sakyapa* (benannt nach dem Kloster Sakya), *Kagyüpa* (tibet.= Anhänger des überlieferten Wortes) und *Nyingmapa* (tibet. = die Alten). Alle diese Schulen wurden im Westen auch nach ihrer Tracht als „Rotmützen“ bezeichnet. Aufgrund der Verweltlichung der Klöster gründete Tsongkhapa (1357–1419) – mit Unterstützung seiner Schüler Gyaltshab (1364–1432) und Khedrub (1385–1483) – die *Gelugpa*-Schule (tibet. = Schule

Potala-Palast in Lhasa, der Hauptstadt Tibets, die ehemalige Residenz des Dalai Lama.

der Tugendhaften), auch als „Gelbmützen" bezeichnet, deren Ziel die Rückkehr zur ursprünglichen buddhistischen Lehre und eine Erneuerung der Ethik und Lehre war. Im Zuge dieser Reformation kam es zur Einführung einer strengen Hierarchie und Disziplin wie z. B. das Zölibat in den Mönchsorden. Seit dem 16. Jh. führen die Oberhäupter der Gelugpa die Titel Dalai-Lama und Pantschen-Lama. Die Gelugpa gewannen immer mehr an Einfluss, nicht zuletzt aufgrund ihres politischen Geschicks und ihrer entsprechend guten Beziehung zu den Herrschern der chinesischen Ming- und Quing-Dynastie.

Tibet entwickelte sich zu einem theokratischen Staat mit der Hauptstadt Lhasa. Seit Ende des 15. Jh. hatte sich der Lamaismus als die Form des tibetischen Buddhismus schlechthin entwickelt, in der der Lama als religiöser Führer eine dominierende Stellung einnahm. Seit dem fünften Dalai-Lama (1617–1682) gilt der Dalai Lama als geistliches und weltliches Oberhaupt von Tibet. Ähnlich dem indischen „Guru", aber in noch stärkerem Maß, gilt der Dalai Lama als spiritueller Lehrer und

Reformbuddhismus und neuere Entwicklungen

Thich Nhat Hanh (*1926), der den Engagierten Buddismus populär machte.

Wie jede Weltreligion war und ist auch der Buddhismus vor die Aufgabe der Auseinandersetzung mit der modernen Zeit gestellt. Im Fall des Buddhismus hatte meistens die Begegnung mit der westlichen Kultur Erneuerungsbewegungen zur Folge. Der moderne Reformbuddhismus ist keine einheitliche zentralisierte Bewegung, sondern besteht aus vielen verschiedenen Gruppierungen von Laien und Mönchen, die sich die Erneuerung, die Verbreitung des Buddhismus sowie politisch-soziales Engagement zum Ziel gesetzt haben. Die als Krise erfahrene Kolonialzeit und die Begegnung mit der westlichen Kultur hatten sowohl eine bewusste Abgrenzung von den Kolonialmächten als auch die Beeinflussung durch westliche Kultur zur Folge.

Der sogenannte Engagierte Buddhismus entwickelte sich im 20. Jh. aufgrund der Erfahrung fremder Mächte und des Kontaktes mit der westlichen Kultur, konkret des Vietnamkrieges. Er ist in Asien ohne direktes Vorbild. Der vietnamesischen Zen-Mönch Thich Nhat Hanh (geb. 1926) stand am Anfang dieser Bewegung und machte sie populär, als er während des Vietnamkrieges mit seiner Gemeinschaft (Sangha) versuchte, das Leid für alle Betroffenen zu lindern. Grundlage des Engagierten Buddhismus ist die Verbindung von Meditation mit dem Gebot der Achtsamkeit bzw. dem Mitgefühl für alle Lebewesen. Daraus ergab sich das Engagement im sozialen, politischen, ökonomischen und ökologischen Bereich. Es entstanden Organisationen wie z. B. das Netzwerk *Engagierter Buddhisten* (INEB) oder das *Buddhist Peace Fellowship.*

Eine weitere Form des modernen Buddhismus ist der sogenannte nationale oder politische Buddhismus mit fundamentalistischen Tendenzen, wie er z. B. in Sri Lanka präsent ist. Dort bildet die Bevölkerungsgruppe der Singhalesen, die sich zum Theravada-Buddhismus bekennt, die Mehrheit und die hinduistischen Tamilen die Minderheit. Zwischen beiden Bevölkerungsgruppen kam es zwischen 1983 und 2009 zu einem Bürgerkrieg. Die Religion des Buddhismus wurde dabei von den Singhalesen zur Legitimierung der Durchsetzung ihrer nationalen Ansprüche missbraucht.

Ein Engagement irgendwelcher Art in dieser Welt war dem ursprünglichen Buddhismus fremd. Buddha war kein Sozialreformer, der gegen soziale Ungerechtigkeiten und soziale Fürsorge predigte, sondern die Überwindung des Leidens und der diesseitigen Welt durch einen individuellen Erlösungsweg. Andererseits waren buddhistische Mönche im Laufe der Geschichte schon immer im politischen Bereich aktiv: Als Vorbild, als Prediger und als Ratgeber hatten sie Einfluss auf die jeweiligen Herrscher, die ihrerseits die Ausbreitung des Buddhismus förderten. ■

Führer. Der fünfte Dalai Lama verlieh auch dem Pantschen Lama als zweithöchstem geistlichen Oberhaupt dessen Titel. Während der Dalai Lama in Lhasa residierte, hatte der Pantschen Lama seinen Sitz im Kloster Tashilhumpo, ca. 200 km westlich von Lhasa. Durch die Annexion durch China 1950 verlor Tibet seine Autonomie und viele Tibeter flohen aus ihrem Land. Auch der heutige 14. Dalai Lama, Tenzin Gyatso (geb. 1935), floh 1959 aus seinem Palast in Lhasa nach Indien. Er selbst versteht sich als buddhistischer Mönch. Am 10.12.1989 wurde dem Dalai Lama der Friedensnobelpreis verliehen. Durch sein weltweites Auftreten und seinen Einsatz für eine Autonomie Tibets fand der tibetische Buddhismus auch im Westen Beachtung und Verbreitung. Das Verhältnis von Dalai Lama und Pantschen Lama war immer wieder durch eine gewisse Rivalität geprägt, die die chinesische Regierung 1995 ausnutzte: Der Dalai Lama ernannte in jenem Jahr den elften Pantschen Lama, und China verweigerte ihm die Anerkennung. Die chinesische Regierung brachte ihn stattdessen an einen unbekannten Ort und inthronisierte im Gegenzug einen vom Dalai Lama nicht anerkannten Pantschen Lama.

Buddhismus im Westen

Schon in der Antike machte die hellenistische Welt Bekanntschaft mit dem Buddhismus, nicht zuletzt durch die Eroberungszüge Alexander d. Gr. bis Indien. Um 600 n. Chr. entstand im Christentum die Heiligenlegende von „Barlaam und Josaphat" als anonymer Roman, dem die Legende des Lebens und Wirkens Buddhas zugrunde liegt und der später vielfach bearbeitet wurde. Mit Beginn der Mission in China durch die Jesuiten im 17. Jh. begann man sich im Westen mit dem Buddhismus zu beschäftigen, intensiv dann im 19. Jh. Hier sind Arthur Schopenhauer (1788–1860) zu nennen, dessen philosophisches Werk vom Buddhismus beeinflusst ist, und die Theosophie bzw. die 1875 in New York von Helena P. Blavatsky (1831–1891) und Henry Steel Olcott (1832–1907) gegründete Theosophische Gesellschaft. Nahmen Schopenhauer und die Theosophie den Buddhismus in mehr oder weniger subjektiv-selektiver Weise in ihre Werke auf, folgte bald auch die wissenschaftliche Beschäftigung mit dem Buddhismus. In den 1970er Jahren war es der Zen-Buddhismus, der eine erfolgreiche Aufnahme im Westen fand. Seit den 1980er Jahren prägte der tibetische Buddhismus durch die Präsenz des Dalai Lamas im Westen und entsprechende Zentren von Exiltibetern das westliche Bild vom Buddhismus.

Der Buddhismus wird heute weltweit durch die Weltgemeinschaft der Buddhisten (*World Fellowship of Buddhism*, WFB) vertreten. Die Organisation wurde 1950 gegründet und hat ihren Sitz in Thailand, außerdem regionale Zentren in Indien, den USA und Australien. Die verschiedenen Gruppen der Buddhisten in Europa, vor allem in West- und Mitteleuropa, weniger in Süd- und Osteuropa, sind weitgehend in der Europäischen Buddhistischen Union vereinigt. Die Buddhisten in Deutschland sind in der 1955 gegründeten Deutschen Buddhistischen Union organisiert.

Helena P. Blavatsky (1831–1891), die mit ihrer theosophischen Lehre den Buddhismus im Westen populär machte.

Panorama: Lehre, religiöse Traditionen und Lebenspraxis

Die Lehre: Die vier edlen Wahrheiten und der achtteilige Pfad

Buddhas Lehre besteht aus den „vier edlen Wahrheiten" über die Leidens- und Unheilsituation, in der sich der Mensch befindet und den Weg der Überwindung des Leidens durch den „achtteiligen Pfad". Die vier edlen Wahrheiten sind:

1. Alles Sein ist Leiden wie Geburt, Alter, Krankheit, Begehren von Nichterreichbarem;
2. die Entstehung des Leidens durch Begierde und Lebensdurst;
3. die Aufhebung des Leidens durch die Vernichtung der Begierde und
4. der achtteilige Pfad als Weg zur Aufhebung des Leidens: rechte Einsicht, rechte Gesinnung, rechtes Reden, rechtes Handeln, rechtes Leben, rechtes Streben, rechte Achtsamkeit, rechtes Sich-Versenken

Vor allem das siebte Glied des achtteiligen Pfades, die Achtsamkeit (*sati*), spielt bei der Rezeption des Buddhismus im Westen bis heute eine besondere Rolle, so z. B. in der Psychologie, Medizin oder auch in der modernen Esoterik. Im Buddhismus ist die Achtsamkeit eine der Grundlagen der Meditation und führt zur Befreiung vom „Anhaften".

Entsprechend dem achtteiligen Pfad besteht der buddhistische Heilsweg aus drei Stufen:

1. Asketische Ethik (rechtes Reden, rechtes Handeln, rechtes Leben)
2. Versenkung (rechtes Streben, rechtes Gedenken, rechtes Sich-Versenken)
3. Erkenntnis (rechte Anschauung, rechte Gesinnung).

Der achtteilige Pfad führt zur Erkenntnis der drei Merkmale des Daseins:

1. Leiden
2. Vergänglichkeit (als Attribut des Leidens)
3. *Anatta* (Nichtselbst)

Das Weltgeschehen wird durch die fünf Gruppen von Daseinsfaktoren (*skandhas*) geprägt:

4. Körperliches (*rupa*)
5. Empfindungen (*vedana*)
6. Wahrnehmungen (*samjna*)
7. Triebkräfte (*samskara*)
8. Bewusstsein (*vijnana*)

Aus diesen Daseinsfaktoren setzen sich alle Erscheinungen der Welt wie Steine, Pflanzen, Tiere und auch der Mensch zusammen, und alle diese Erscheinungen sind durch Geburt, Alter und Tod geprägt. Unbeständigkeit, Leere und Leid sind die Kennzeichen der Daseinsfaktoren und daher gilt es sie zu überwinden, um das *Nirvana* (Skt. = Verwehen, Verlöschen) zu erlangen. Das Nirvana ist das Erlöschen des Lebenstriebes und das Ende der Wiedergeburten, es ist ein Zustand der Leere, des Nichts. Nirvana bedeutet somit Unvergänglichkeit, das Ende der Unheilsexistenz, die Freiheit von Individualität außerhalb der Welt der Erscheinungen und die Freiheit von einem ich-haften Bewusstsein. Nirvana wird in diesem Sinne als Heilswirklichkeit verstanden. Dieses Heil wird – übrigens ähnlich wie bei dem christlichen Mystiker Eckhart – nur negativ beschrieben („Nirvana ist nicht..."), da es unfassbar und deshalb letztlich nicht zu beschreiben ist. Es werden zwei Arten von Nirvana unterschieden: das

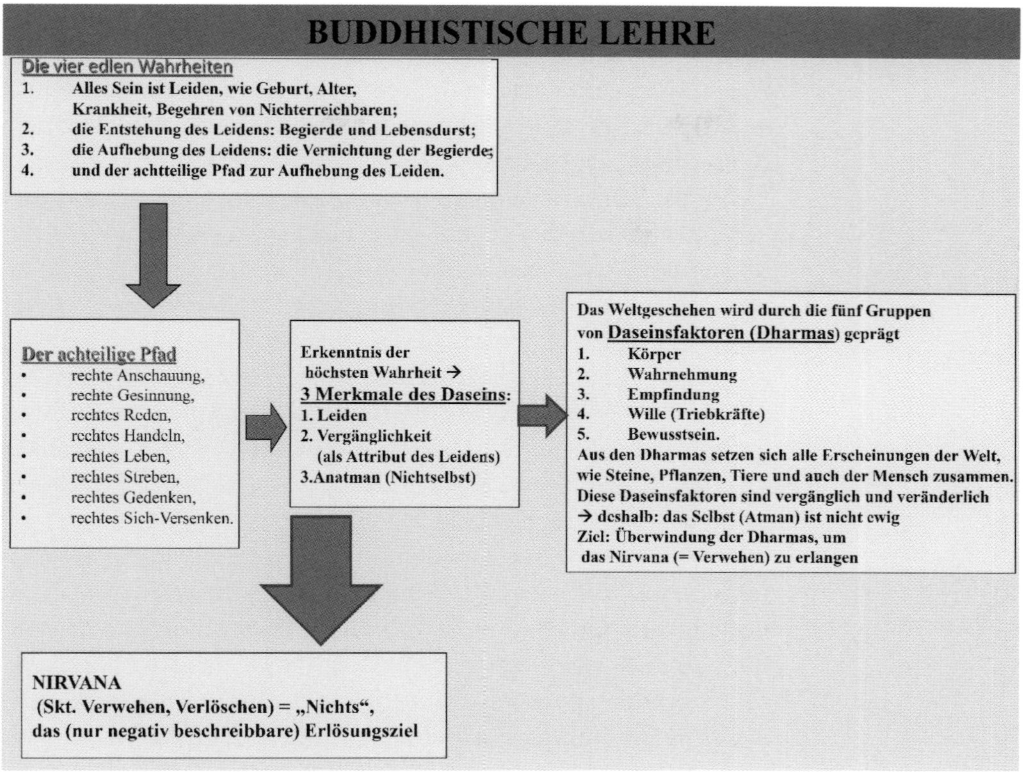

diesseitige Nirvana, das „Erlöschen in den sichtbaren Dingen“ während des irdischen Lebens, und das vollkommene Nirvana (*Parinirvana*) nach dem Tod. Von allen Lebewesen ist nur der Mensch zur Erleuchtung und damit zur Erlösung fähig. Selbst die Gottheiten müssen erst als Mensch wiedergeboren werden, um zur Erlösung zu gelangen. Buddha betonte, dass die Lehre – und nicht seine Person – das Wichtigste sei.

Drei „Kleinodien“ oder „Juwelen“ bilden die Grundlagen der buddhistischen Lehre: Buddha, die Lehre (*Dharma*) und die Gemeinde (*Sangha*). Das Bekenntnis zum Buddhismus besteht darin, dass man seine Zuflucht zu diesen drei Kleinodien nimmt: „Ich nehme meine Zuflucht zum Buddha. Ich nehme meine Zuflucht zur Lehre. Ich nehme meine Zuflucht zur Gemeinde.“

Buddha lehnte im Unterschied zur brahmanischen Religion (aus der sich der spätere Hinduismus entwickelte) das Kastensystem und die privilegierte Stellung der Brahmanen ab. Im Unterschied zum Hinduismus ist im Buddhismus für die Wiedergeburt nicht primär die Tat, sondern bereits die Absicht bzw. die innere Haltung entscheidend. Ebenfalls im Unterschied zum Hinduismus lehnt der ursprüngliche Buddhismus die Vorstellung eines individuellen, unvergänglichen Selbst (*Atman* = Seele), das im Kreislauf der Wiedergeburten bestehen bleibt, ab. Die *An-atma*-Lehre betont, dass es kein unveränderliches Selbst, keine ewig bestehende Seele gibt und sich das menschliche Selbst dementsprechend – von der Kindheit bis ins Alter – ständig ändert. Allerdings entwickelte sich später doch die Idee eines ewigen, aber unerkennbaren Selbst, nicht zuletzt im westlichen Buddhismus. Die Existenz der Götter leugnet der Buddhismus nicht, aber sie spielen keine besondere Rolle. Die Schriften des Hinduismus wurden im Buddhismus nicht übernommen. Und die Idee, die neue Lehre zu verkünden und zu verbreiten, wie Buddha es seinen Jüngern auftrug, unterscheidet den Buddhismus ebenfalls vom Hinduismus.

Der Buddhismus kennt zwei bzw. drei Hauptrichtungen (siehe unten): Theravada-Buddhismus (*theravada* = Schule der Älteren), Mahayana-Buddhismus (*mahayana* = großes Fahrzeug) und den Vajrayana-Buddhismus (*vajrayana* = Diamantfahrzeug) als Sonderform des Mahayana-Buddhismus. Der Theravada-Buddhismus ist durch das Mönchtum, den *arhat* (Skt. = Heiliger) als Ideal und die Idee der Selbsterlösung geprägt, d. h. es ist ein Heilsweg für wenige Auserwählte. Es soll der Tradition nach ursprünglich 18, wahrscheinlich sogar 30 Schulen des Hinayana gegeben haben, von denen sich nur die Schule des Theravada bis heute erhalten hat. Im Mahayana-Buddhismus treten der Laie und die Verehrung der Bohdisattvas sowie mehrerer Buddhas in den Vordergrund. Der Vajrayana-Buddhismus ist die Form des Mahayana-Buddhismus in Tibet und in der Mongolei. Aber auch der sog. esoterische Buddhismus in China (wie z. B. die Zhenyan-Schule) und in Japan (wie z. B. die Shingon-Schule) gehört zum Vajrayana-Buddhismus. Im Vajrayana-Buddhismus spielt das Mönchtum wieder eine bedeutende Rolle, ebenso wie geheime Rituale und Heilpraktiken.

Theravada – Das kleine Fahrzeug

In den fünf „Ländern des Theravada" (Sri Lanka, Myanmar bzw. Birma, Thailand, Laos und Kambodscha) ist der Theravada-Buddhismus heute nach wie vor die bestimmende Religion. In Thailand ist der Buddhis-

Theravada-Mönche aus Laos: im Garten eines buddhistischen Tempels in Vientiane.

mus Staatsreligion, in Sri Lanka und Myanmar ist die Mehrheit der Bevölkerung buddhistisch. In Kambodscha und Laos hat der Buddhismus offiziell keine Bedeutung mehr.

Der Theravada besteht als einzige von ehemals ca. 30 Schulen des Hinayana bis heute. Die Lehre des Theravada kommt der ursprünglichen Lehre des Buddhas sehr nahe. Die Theravada-Schule entstand im 4. Jh. v. Chr. nach dem zweiten Konzil, als sich auch die Mahasanghikas als eigene Schule herausbildeten. Der Theravada-Buddhismus wird auch als Hinayana-Buddhismus bezeichnet. Der Begriff *Hinayana* (Skt. = kleines Fahrzeug) wurde von den Anhängern des Mahayana geprägt, um auszudrücken, dass in dieser Richtung der Akzent viel stärker auf der Selbsterlösung liegt, wozu man nur ein „kleines Fahrzeug" benötigt, da nur wenige die Erlösung direkt erreichen. Denn nur durch eigenes Bemühen, wie es der Arhat, der Heilige, idealerweise verwirklicht, kann Erleuchtung, die letztlich nur den Mönchen möglich ist, erlangt und ins Nirvana eingegangen werden. Dementsprechend ist der Arhat das Ideal des Hinayana, und den Mönchen und dem asketischen Mönchsleben kommt eine größere Bedeutung als den Laien zu. Eine Aufschiebung des Eingehens ins Nirvana, um anderen ebenfalls die Erlösung zu ermöglichen – wie es der Bodhisattva im Mahayana tut – ist nach theravadischer Ansicht nicht möglich.

Grundlage der theravadischen Lehre ist der sog. *Tipitaka* (Pali = Dreikorb) bzw. Palikanon, der aus drei Teilen besteht:

- *Vinayapitaka* (Skt./Pali = Korb der Ordensregeln)
- *Suttapitaka* (Pali = „Korb der Lehrreden" Buddhas)
- *Abhidhammapitaka* (Pali = Korb der vertieften Lehre) mit philosophisch-theologischen Texten

Der Palikanon wurde zunächst mündlich tradiert und dann im 1. Jh. v. Chr. in Sri Lanka niedergeschrieben. Wie der Name schon andeutet, ist der Palikanon in der Sprache des Pali geschrieben, eine mittelindische Sprache, die mit dem Sanskrit, der Sprache der vedischen Literatur, verwandt ist. Im Theravada-Buddhismus gilt der Tipitaka als einzige kanonische Schrift, als authentisches Wort Buddhas. Die Mahasangikas nahmen auch andere Schriften auf, die nicht eindeutig auf Buddha zurückzuführen waren, und die deshalb im Hinayana – im Unterschied zum Mahayana – auch nicht anerkannt sind.

Mahayana – Das große Fahrzeug

Das *Mahayana* (Skt. = großes Fahrzeug) entwickelte sich als ein Heilsangebot nicht nur für wenige, sondern für viele Menschen – daher der Name und so auch das Selbstverständnis. Kennzeichen des Mahayana ist einerseits der Bodhisattva als Mittler-, Heils- und Erlösergestalt bzw. als zukünftiger Buddha sowie die Idee des Mitleids (*Mahakaruna*) – statt wie im Hinayana der Arhat und die Idee der Selbsterlösung. Mit der Abspaltung bzw. der Entstehung der Schule der Mahasanghikas nach dem zweiten Konzil war der erste Schritt auf dem Wege zur Entwicklung des Mahayana vollzogen.

Der Mahayana-Buddhismus ist in China, Korea und Japan verbreitet und ebenso in Zentralasien, Nepal, Tibet und der Mongolei. Vor allem in China und Japan entstanden verschiedene Schulen des Mahayana, z. B. der Amida-Buddhismus, in dessen Mittelpunkt die Verehrung des Buddha Amithaba steht. Den Zen-Buddhismus in Japan prägen vor allem die

Soto-Schule, in deren Mittelpunkt das *Zazen* (jap. = das reine Sitzen) steht, und die Rinzai-Schule, die durch die *Koan*-Übungen bekannt ist.

Der *Bodhisattva* (Skt. = der zur Erleuchtung Bestimmte) als das Ideal des Mahayana-Buddhismus ist ein zukünftiger Buddha, der die Buddhaschaft eigentlich schon erreicht hat und ins Nirvana eingehen könnte, aber dies aufschiebt und aus Mitleid auf seine Erlösung vorerst verzichtet, um anderen zu helfen, zur Erleuchtung und Erlösung vom Leiden zu gelangen. Verbunden damit ist die Idee der Übertragung von Verdiensten, um dem Kreislauf der Wiedergeburten zu entgehen. Entsprechend entwickelte sich Mitleid (*karuna*) in der Ethik des Mahayana-Buddhismus zur zentralen Tugend. Der Bodhisattva ist durch folgende sechs „Vollkommenheiten" bzw. Tugenden gekennzeichnet: Freigebigkeit, Sinnlichkeit, Nachsicht, Tatkraft, Sich-Versenken und Weisheit. Andere Traditionen fügen noch hinzu: Geschicklichkeit, Entschlussfähigkeit, Wunderkraft und Wissen. Diese Tugenden erreicht der Bodhisattva auf einem Weg von zehn Stufen:

1. Freude
2. Reinheit
3. Strahlen
4. Flammende Weisheit
5. Unüberwindbarkeit
6. Gegenwärtigkeit
7. richtige Anwendung der Mittel zum Heil
8. Unbeweglichkeit
9. Verständnis und
10. Lehre

Jina-Buddha aus Tibet, 13. Jahrhundert.

Besonders verehrte Bodhisattvas sind Maitreya, der als Buddha in mehr oder weniger ferner Zukunft erscheinen wird, Manjushi, der Bodhisattva der Weisheit, und Avalokiteshvara, der Bodhisattva der Barmherzigkeit, der in China als Göttin Guanyin und in Japan als Kannon verehrt wird.

Kennzeichnend für das Mahayana ist neben der großen Bedeutung des Bodhisattvas die Verehrung Buddhas als göttliches Wesen. Neben dem historischen Buddha Shakyamuni werden im Mahayana eine ganze Reihe von Buddhas verehrt, die als himmlische Entsprechungen des historischen Buddhas und als Verkörperung der buddhistischen Lehre gelten. Am meisten verehrt wird der Buddha *Amitabha* (Skt. = unendliches Licht). Er ist Herr des „Paradieses des Westlichen Landes", des „Reinen Landes" (*Sukhavati*), in das er alle einlässt, die seinen Namen anrufen und dabei auf sein Erbarmen vertrauen. Die Bodhisattvas Avalokiteshvara und Mahasthamaprapta gelten als Begleiter des Buddha Amitabha. Besonders große Verehrung genießt der Buddha Amitabha in Japan (jap. *Amida*), sodass man hier von Amidismus spricht. Zu erwähnen ist auch der zukünftige Buddha Maitreya, der Nachfolger des historischen Buddha Gautama, mit dem ein goldenes Zeitalter beginnen wird.

Die Schriften, die die Lehren des Mahayana enthalten, sind vor allem die Schriftensammlung „Vollkommenheit der Weisheit" (*Prajnaparamita*), daneben auch das „Diamant-Sutra" (*Vajracchedika-Prajnaparamita-Sutra*), das „Herz-Sutra" (*Prajnaparamita-Hridaya-Sutra*) und das „Lotos-Sutra" (*Saddharmapundarika*). Die Schriften des Mahayana-Buddhismus liegen in der Sprache des Sanskrit und in den verschiedenen Landessprachen (oft Übersetzungen), wo der Buddhismus verbreitet ist, vor.

Der chinesische Buddhismus

In China bildeten sich viele einzelne Schulen des Buddhismus heraus, die sich zum einen dadurch unterschieden, dass sie sich auf verschiedene Schriften als Grundlage beriefen, aber zum anderen auch in der Auslegung der Schriften und in den Praktiken Unterschiede aufweisen. Bekannte Beispiele philosophisch ausgerichteter Schulen sind die Tiantai-Schule, die Faxiang-Schule und die Huayan-Schule. Die von Zhiyi (538–597) gegründete Tiantai-Schule beruft sich auf Nagarjuna. Die grundlegenden Schriften sind das Lotos-Sutra und *Mohe zhiguan*. Die Faxiang-Schule wurde von Maitreyanatha, Asanga und Vasubandhu begründet. Sie spielte vor allem im 7. Jh. eine bedeutende Rolle und führte die Yogacara-Tradition weiter. Diese Yogacara-Tradition ist der Lehre verpflichtet, dass die Welt,

Amithaba-Buddha, Steinplastik aus Java, 8./9. Jahrhundert.

so wie sie uns erscheint, nur eine Illusion des Geistes bzw. unseres Bewusstseins ist. Dabei spielt der Begriff „Speicherbewusstsein“ als Ansammlung aus früheren Existenzen eine besondere Bedeutung. Die stark philosophisch ausgerichtete Huayan-Schule (jap. Kegon) wurde von Fazang (643–712) begründet, als ihre Patriarchen gelten Dushun (557–640) und Zhiyan (602–668).

Die Lehre der Huayan-Schule besagt, dass alle Phänomene im Universum in gegenseitiger Abhängigkeit voneinander bestehen. Die tantrische Mizong-Schule (Shingon-Schule in Japan) hat das Mahavaicara-Sutra zur Grundlage. Zudem gab es einige Hinayana-Schulen wie z. B. die Chengshi-Schule, die Jushe-Schule und die Vinaya-Schule. Aus der Vinaya-Schule ging eine ganze Reihe von Geschichtsschreibern hervor, die z. B. Biografien von Mönchen und Nonnen verfassten.

Die Schule aber, die für die breite Bevölkerung von großer Bedeutung war, war die Schule vom Reinen Land, begründet von Tanluan (476–542) und Shandao (613–681). Im Mittelpunkt steht die Anrufung der Buddhas und Bodhisattvas, vor allem aber die Verehrung des Buddha Amitabha, die zur Wiedergeburt im Paradies des Westens, dem „Reinen Land“ (*Sukhavati*), führt. Man muss nur auf die Rettung durch Amitabha vertrauen und ihn ständig mit dem Ausspruch „Gelobt sei Buddha Amitabha“ anrufen. Grundlage ist das „Sutra des Reinen Landes“. Die Schule vom Reinen Land wurde später von der Chan-Schule beeinflusst: Dabei vermischte sich die Chan-Vorstellung, die Buddhanatur müsse man in sich selbst entdecken und verwirklichen, mit der Vorstellung, auch das Reine Land müsse man in sich selbst entdeckten und verwirklichen. Die japanische „Wahre Schule vom Reinen Land“ (*Jodo-Shinshu*) wurde von Shinran Shonin (1173–1262) gegründet.

Die Schule des Chan (s. S. 176f.), von Bodhidarma 523 gegründet, beruht auf der Meditation als Zugang zur letzten Wirklichkeit. Sie entwickelte sich auch später als einzige Schule weiter, wurde in Japan übernommen und als Zen-Buddhismus berühmt.

Der japanische Buddhismus

Insgesamt lässt sich der japanische Buddhismus einteilen in den Amida-Buddhismus, den Zen-Buddhismus, den Nichiren-Buddhismus und den tantrischen bzw. esoterischen Buddhismus. Zum Amida-Buddhismus gehören die 1175 von Honen eingeführte Jodo-Schule und die 1224 von Shinrai gegründete Schule des Jodo Shinshu. Zum Zen-Buddhismus zählen die 1191 von Eisai eingeführte Rinzai-Schule, die 1227 von Dogen eingeführte Soto-Schule und die 1654 von Ingen gegründete Obaku-Schule. Der Nichiren-Buddhismus, 1253 von Nichiren begründet, ist heute aufgespalten einerseits in traditionelle Schulen und andererseits in neue religiöse Richtungen, die als *Shinshukyo* (jap. = neue Religionen) bezeichnet werden. Der tantrische bzw. esoterische Buddhismus wird durch die 807 von Kukai gegründete Shingon-Schule und die um 805 von Saicho eingeführte Tendai-Schule repräsentiert.

Im 7. und 8. Jh. n. Chr. bildeten sich die sog. „sechs Schulen von Nara" heraus: Sanron, Jojitsu, Hosso, Kusha und Risshu. Im 9. Jh. erfolgten Reformen des Buddhismus durch Saicho, genannt Dengyo-daishi (767–822), und Kukai, genannt Kobo-daishi (774–835). Beide hatten den Buddhismus in China studiert. Zurück in Japan gründete Saicho die Tendai-Schule und Kukai gründete die Shingon-Schule. Dieses zwei Schulen, beide beeinflusst sowohl von den „sechs Schulen von Nara" als auch von der einheimischen japanischen Shinto-Religion, waren für die weitere Entwicklung des japanischen Buddhismus bestimmend.

Die von Kukai (774–835) gegründete Shingon-Schule (*Shingon* = wahres Wort) vertrat eine tantrische bzw. esoterische (geheime) Form des Buddhismus, in der die Verehrung des als kosmischen geltenden Buddha Vairocana im Mittelpunkt stand. Die geheime Lehre des Shingon wird nur vom Meister auf den initiierten Schüler tradiert. Grundlage ist das Vajrashekhara-Sutra. Ziel des Shingon-Buddhismus ist es, die eigene Buddhanatur zu erkennen und zu verwirklichen. Kukai übernahm erstmals Gottheiten der Shinto-Religion als Bodhisattvas in seine buddhistische Lehre. Schon hier zeigt sich, dass für den japanischen Buddhismus die Verehrung von Bodhisattvas und Buddhas als Gottheiten kennzeichnend war – im Unterschied zu China, wo der Buddhismus mehr eine philosophische Lehre war. Und diese theistische Prägung des japanischen Buddhismus ist einer der Gründe für dessen Erfolg.

Die Tendai-Schule wurde um 805 von Saicho (767–822) von China nach Japan eingeführt. Grundlage ist das Lotus-Sutra, typisch sind esoterische und magische Rituale. Ziel ist die Erkenntnis der Einheit des Individuums mit dem Universum, die Entsprechung von Mikro- und Makrokosmos. Im Mittelalter sind bei der Tendai-Schule eine Tendenz zum Auftreten und Wirken in der Öffentlichkeit und, damit verbunden, eine kriegerische Einstellung zu beobachten.

Im 19. Jh. kam es zu Erneuerungsbewegungen des Buddhismus. Dabei entstanden neobuddhistische Sonderformen bzw. Sekten, die unter dem Begriff *Shinshukyo* (jap. = neue Religionen) zusammengefasst werden. Dazu gehören z. B. die Kyoto-Schule, *Sokai Gakkai* (jap. = Gesellschaft zur Schaffung von Werten) oder *Rissho Kosei-kai* (jap. = Gesellschaft zur Errichtung von Gesetz und Gemeinde). Bei diesen neuen buddhistischen Bewegungen ist ein mehr oder weniger starker hinduistischer und auch christlicher Einfluss festzustellen. So verbindet die philosophisch ausgerichtete Kyoto-Schule, begründet von Kitaro Nishida (1870–1945), die Philosophie des Zen- und Amida-Buddhismus mit der Philosophie des Westens. 1937 entwickelte sich aus der Nichiren-Tradition heraus die buddhistische Laienorganisation Sokai Gakkai, die politisch geprägt ist und deren Ziele vor allem Frieden, Wohlstand und Gesundheit sind. 1938 entstand die tolerantere Organisation Rissho Kosei-ka, die sich vor allem in der Ökumene einsetzt. Die beiden neobuddhistischen Organisationen Soka Gakkai und Rissho Kosei-ka sind sehr erfolgreich und verzeichnen bis heute wachsende Anhängerzahlen.

Der heutige 14. Dalai Lama, Tenzin Gyatso (geb. 1935).

Der tibetische Buddhismus

Wie bereits erwähnt, ist der tibetische Buddhismus die spezifische Form des Mahayana-Buddhismus in Tibet, die auch als Vajrayana-Buddhismus oder Lamaismus bezeichnet wird. Hier erhielt das

Meditation als Weg zur Erleuchtung: Der Chan- bzw. Zen-Buddhismus

Chan (jap. *Zen*, von Skt. *dhyana* = Versenkung) ist die in China entstandene und in Japan populär gewordene Form des Mahayana-Buddhismus, in deren Zentrum die Praxis der Meditation als Weg zur Erleuchtung und weniger die buddhistischen Schriften stehen. Damit verbunden ist das Bestreben, durch die Meditation die in jedem Lebewesen vorhandene Buddhanatur zu verwirklichen und somit die Erleuchtung zu erlangen. Der Chan-Buddhismus wird auf Bodhidharma zurückgeführt, eine eher legendäre als historische Gestalt. Er soll um 500 n. Chr. die buddhistische Meditationspraxis von Indien nach China gebracht haben. Er gilt als 28. indischer und als erster chinesischer Patriarch des Buddhismus. Die zweite bedeutende Gestalt des Chan ist Huineng (638–713), der sechste Patriarch des Chan-Buddhismus, dessen Schule des südlichen Chan sich mit der Betonung der plötzlich eintretenden Erleuchtung durchsetzte. Die Meditation war zwar von Anfang an für den Buddhismus kennzeichnend, spielte aber nicht so eine entscheidende Rolle wie im Chan-Buddhismus. Die Meditationspraxis wird im Chan-Buddhismus vom Lehrer auf den Schüler tradiert, die praktische Erfahrung auf dem Weg zur Erleuchtung wird betont, Schriftgelehrsamkeit und theoretische Spekulation werden abgelehnt. Trotzdem gibt es auch im Chan-Buddhismus einige grundlegende Texte, wie z. B. das Bodhidharma zugeschriebene *Lankavatara-Sutra* (Skt. = Sutra über das Hinabsteigen nach Lanka) oder das Diamant-Sutra. In China erlebte der Chan-Buddhismus unter Einfluss des Daoismus zwischen dem 8. und 9. Jh. einen Höhepunkt. Es entstanden fünf Richtungen bzw. „Häuser", von denen zwei, das Haus *Lin-chi* (jap. *Rinzai*) und das Haus *Tsao-tung* (jap. *Soto*) um 1200 n. Chr. nach Japan gelangten.

Eisai Myoan (1141–1215), Gründer der Rinzai-Schule, und Dogen Kigen (1200–1253), Lehrer der Soto-Schule, waren diejenigen, die den Zen-Buddhismus nach Japan brachten. Zen ist vor allem durch zwei Praktiken charakterisiert:

1. die *Zazen* (jap. = das reine Sitzen) genannte yogaartige schweigende Meditation im sog. Lotussitz mit Techniken der Atemregulierung und
2. die *Koan*-Übung – das Meditieren über einen scheinbar paradoxen bzw. unlogischen Spruch des Zen-Meisters (*Roshi*).

In der Soto-Schule steht das Zazen, in der Rinzai-Schule die Koan-Übung im Mittelpunkt. Eine dritte, von Harada Sogaku gegründete Schule, versucht die

beiden anderen Zen-Richtungen zu verbinden. Ziel des Zen-Buddhismus ist die Erleuchtung (*Satori*), die Befreiung vom Ich. Der Zen-Buddhismus wirkte sich auf sämtliche Bereiche der japanischen Kultur aus – er beeinflusste z. B. Gartenkunst, Blumenstecken, Teezeremoniell, Kalligraphie, Haiku-Dichtung sowie die vom Kriegeradel der Samurai besonders gepflegten Künste des Bogenschießens und des Schwertkampfes. Auch ins Christentum und in die moderne Esoterik fand Zen als Meditationstechnik Eingang. ■

Zen-Buddhismus beeinflusste auch die japanische Gartenkunst.

Mönchtum wieder eine besondere Bedeutung. Weltliches und geistliches Oberhaupt ist der Lama. Der *Dalai-Lama* (tibet.-mongol. = Lehrer, der einem Ozean an Wahrheit gleicht) gilt als die irdische Inkarnation des Bodhisattva Avalokiteshvara (tibet. *Chenresi*), der *Pantschen-Lama* (tibet. = der das Juwel unter den Gelehrten verkörpernde Lama) als die des Amitabha. Man glaubt, dass der Dalai-Lama bzw. Pantschen Lama nach dem Tod wiedergeboren wird, und es gilt daher, den wiedergeborenen Nachfolger zu finden.

Das Pantheon des tibetischen Buddhismus kennt eine Dreiheit der Bodhisattvas Avalokiteshvara, Manjushri und Vajrapani. Nicht nur der Dalai-Lama, sondern auch das Tibetische Totenbuch erfreuen sich im Westen, vor allem auch in esoterischen Kreisen, großer Beliebtheit.

Das Tibetische Totenbuch beschreibt die zwischenzeitlichen Aufenthaltsorte und Zustände, die die Seele eines Verstorbenen vom Augenblick, da sie den Körper verlässt, bis zu ihrer erneuten Wiederverkörperung durchläuft. Der Text des Totenbuches soll dem Sterbenden von einem Lama ins Ohr geflüstert werden, damit die Seele für die zu erwartenden Erlebnisse auf der Jenseitsreise vorbereitet und gewappnet ist. Entsprechend besteht der Inhalt aus Lehren und Unterweisungen über das Sterben und den Tod. Das Totenbuch trägt im Tibetischen den Titel *Bardo Thödröl*, d. h. „Befreiung durch Hören im Zwischenzustand". Dieser „Zwischenzustand" ist der Zustand zwischen Tod und Wiedergeburt, der im Tibetischen Totenbuch eine zentrale Rolle einnimmt und für den Vajrayana-Buddhismus kennzeichnend ist.

Der tibetische Buddhismus ist vom Tantrismus (von Skt. *tantras* = Gewebe, System, Lehre, vgl. dazu S. 142f.) geprägt, der für den ursprünglich aus Indien stammenden Vajrayana-Buddhismus typisch ist. Tantrismus ist allgemein eine esoterische Bewegung in den indischen Religionen, in der alle Erscheinungen als Symbol des Göttlichen bzw. der göttlichen Wirklichkeit und somit als Heilsmittel verstanden werden. Ziel des Tantrismus ist die Aufhebung der Gegensätze, wie zwischen männlich und weiblich oder Geist und Materie. Vor allem durch magisch-rituelle Praktiken versucht man eine Einheit mit dem Absoluten zu erreichen. Der Körper gilt als Mikrokosmos, der mit dem Makrokosmos des Universums identisch ist. Die Erlösung erlangt man durch den dreifachen Weg der Erleuchtung, des Erbarmens und den tantrischen Weg des „Mittels". Der buddhistische Tantrismus wird auch *Vajrayana* (Skt. = Diamant-Fahrzeug) oder *Mantrayana* (Skt. = Fahrzeug magisch wirksamer Sprüche) genannt. Man unterscheidet einen

„rechtshändigen“ Tantrismus, bei dem die Verehrung männlicher Gottheiten im Vordergrund steht und einen „linkshändigen“ Tantrismus, bei dem Göttinnen als die weiblichen Entsprechungen der Buddhas und Bodhisattvas eine wichtige Rolle spielen – so z. B. Tara („Retterin“, tibet.: Dölma) als die Göttin der Liebe. Insgesamt werden 100 Schutzgottheiten verehrt, von denen man 42 als böse betrachtet.

Der tantrische Buddhismus kennt ein System mit fünf Buddhas, den *Tathagatas* (Skt. = die „So-Gegangenen“) oder *Jinas* (Skt. = die „Sieger“) oder oft auch Dhyani-Buddhas (Meditations-Buddhas) genannt werden. Diese sind Vairocana, der Erleuchtende, Akshobhya, der Unerschütterliche, Ratna Sambhava, der Juwelengeborene, Amithaba, das unendliche Licht und Amoghasiddhi, der sichere Erfolg. Die fünf Buddhas bilden den Körper des Universums, sie entsprechen den Bestandteilen des Universums. Den fünf Buddhas sind fünf himmlische Bodhisattvas, fünf menschliche Buddhas und fünf Shaktis bzw. Göttinnen zugeordnet. Die auch im hinduistischen Tantrismus verwendete Formel „Om mani padme hum“ (Skt.) ist das bekannteste Mantra des tibetischen Buddhismus. Bei der Silbe *Om* ist der Klang von Bedeutung, die Übersetzung ist unbekannt. Auch die Übersetzung von *mani padme* ist nicht sicher, wird aber oft mit „Juwel im Lotus“ übersetzt. Die Endsilbe *Hum* bestätigt die erste Silbe *Om* und wird manchmal mit „Heil“ übersetzt.

Sangha – Die Gemeinde

Die Gemeinde (*sangha*) besteht aus Mönchen (*bhikshu*) und Laien (*upasaka*). Man spricht von den „vier Sanghas“ bzw. „Versammlungen“ aufgrund der weiteren Unterteilung in Mönche, Nonnen, Laienanhänger und Laienanhängerinnen. Der Weg des Mönchs ist im Buddhismus allgemeines Vorbild.

Für alle Buddhisten gelten folgende Verbote:

- Töten oder Verletzen von Lebewesen
- Diebstahl
- „unreiner Lebenswandel“, (d. h. für Mönche gilt das Gebot sexueller Abstinenz, für Laien das Verbot des Ehebruchs)
- Lügen
- Alkoholische Getränke

Vientiane: Buddhistische Mönche und Laien.

Für die Mönche gelten noch fünf weitere Verbote:

- Essen außerhalb der festgelegten Zeiten
- Unterhaltungsveranstaltungen wie Tanz oder Gesang
- Schmuck und Kosmetika
- Bequemes Bett
- Annahme von Geld oder Gold

Die Mönche sind zur Armut verpflichtet und verfügen daher, mit Ausnahme ihrer Bettelschale und einiger Gebrauchsgegenstände, über keinen Besitz. Sie leben von den Gaben und Spenden der Laienanhänger, im Gegenzug unterrichten die Mönche die Laien in der buddhistischen Lehre und engagieren sich auch in der Armen- und Krankenfürsorge. Das Leben der Mönche war ursprünglich nach dem Vorbild Buddhas durch Wanderschaft und die Sesshaftigkeit im Kloster während der Regenzeit bestimmt.

Feste

Das buddhistische Jahr richtet sich nach dem Sonnenkalender, die Feste nach dem Mondkalender, sodass es zu gewissen zeitlichen Verschiebungen der Feste kommt – ähnlich wie beim christlichen Osterfest.

Als Feste sind zunächst die Feste zur Erinnerung an Buddha, an seine Geburt, seine Erleuchtung und seinen Eingang ins Nirvana zu nennen. Im Theravada-Buddhismus wird dieses Gedenken an Buddha an einem einzigen Tag, im Mahayana-Buddhismus werden die Geburt im Mai, die Erleuchtung im Dezember und der Eingang ins Nirvana im Februar gefeiert.

Auch der Beginn der Regenzeit (Juli) und das Ende (Oktober) werden als Feste begangen. Die Regenzeit ist die Zeit, in der die Mönche nicht auf der Wanderschaft sind, sondern im Kloster leben. Das Ende der Regenzeit wird im Hinayana-Buddhismus mit der *Kathina*-Zeremonie der

Mönche gefeiert, wobei die Mönche ihr orangefarbenes Mönchsgewand (*kathina*) erhalten.

Das *Uposatha*-Fest wird jeweils an den Tagen des Vollmondes und Neumondes sowie den zwei Quartalstagen dazwischen gefeiert. Ursprünglich beichteten sich die Mönche an diesen Tagen gegenseitig ihre Vergehen gegen die Ordensregeln. Heute sind es Tage des Fastens (*uposatha* = Fasten), an denen auch die Laien die Gelegenheit wahrnehmen, einige der Ordensregeln zu befolgen: Verzicht auf Essen nach dem Mittag, kein Besuch von Unterhaltungsveranstaltungen wie Tanz, Musik etc. und Verzicht auf Schmuck und Kosmetika und auf ein bequemes Bett.

Fazit und Ausblick

Der Buddhismus erfreut sich im Westen großer Beliebtheit. Nicht selten wird der Buddhismus dabei in selektiver Weise praktiziert, d. h. man übernimmt nicht alle, sondern nur gewisse Elemente, sodass sich diese Art und Weise von der ursprünglichen Form des Buddhismus unterscheidet – bis hin zum Buddhismus als Modereligion. Diese Feststellung beinhaltet keine Wertung, denn jede Religion und jede religiöse Tradition ändert sich und passen sich der Zeit und dem kulturellen Kontext an. Der Buddhismus ist besonders anpassungsfähig und kann sich auch durchaus mit den Zielen der europäischen Aufklärung arrangieren. Auch das dem ursprünglichen Buddhismus fremde sozial-politische Engagement konnte sich im modernen Buddhismus durchsetzen.

Einzigartig in der Welt der Religionen ist die buddhistische Lehre vom Nichtselbst, d. h. dass es letztlich keine Seele bzw. einen unveränderbaren Wesenskern des Menschen gibt. Mit dieser Lehre des Nichtselbst hat der Buddhismus dann auch weniger Probleme als andere Religionen mit den Theorien der Neurowissenschaft, dass das Ich und der „freie Wille" nur eine Illusion seien und alle Bewusstseinsprozesse ausschließlich auf chemisch-physikalischen Prozessen beruhten.

Anhang

Literatur

Übersichtswerke und Lexika:

Antes, Peter (Hg.): Daran glauben wir. Vielfalt der Religionen, Hannover 2012.

Assmann, Jan: Monotheismus und die Sprache der Gewalt, Wien 2006.

Auffahrt, Christoph/Bernard, Jutta/Mohr, Huber (Hg.): Metzler Lexikon der Religion. Gegenwart – Alltag – Medien, 4 Bde., Stuttgart 2000.

Betz, Hans Dieter/Browning, Don S./Janowsky, Bernd u. a. (Hg.): Die Religion in Geschichte und Gegenwart. Handwörterbuch für Theologie und Religionswissenschaft, 9 Bde., Stuttgart 2008.

Figl, Johann (Hg.): Handbuch Religionswissenschaft. Religionen und ihre zentralen Themen, Innsbruck, Wien, Göttingen 2003.

Hutter, Manfred: Die Weltreligionen, München ^{4}2012.

Kaspers, Walter/Baumgartner, Konrad/Bürkle, Horst u. a. (Hg.): Lexikon für Theologie und Kirche, 11 Bde., Freiburg, Basel, Wien 2006.

Kienzler, Klaus: Der religiöse Fundamentalismus. Christentum, Judentum, Islam, München ^{5}2007.

Mensching, Gustav: Die Religion. Erscheinungsformen, Strukturtypen und Lebensgesetze, Stuttgart 1959.

Riesebrodt, Martin: Die Rückkehr der Religionen. Fundamentalismus und der „Kampf der Kulturen", München ^{2}2001.

Judentum

Bergmann, Werner: Geschichte des Antisemitismus, München 2002.

Brenner, Michael: Geschichte des Zionismus, München 2002.

Ders. : Kleine jüdische Geschichte, München 2008.

Maier, Johann/Schäfer, Peter: Kleines Lexikon des Judentums, Stuttgart 1981.

Schubert, Kurt: Jüdische Geschichte, München ^{6}2012.

Seiwert, Hubert/Maier, Johann: Judentum (Studium Religion), Heidelberg 2007.

Stemberger, Günter: Jüdische Religion, München ^{6}2009.

Ders.: Einleitung in Talmud und Midrasch, München ^{9}2011.

Quellentexte

Die Tora: Die fünf Bücher Mose in der Übersetzung von Moses Mendelsohn. Mit den Prophetenlesungen im Anhang, Berlin ^{3}2004.

Maier, Johann: Reader Judentum (Studium Religion), Heidelberg 2007.

Der babylonische Talmud, 12 Bde., übersetzt von Lazarus Goldschmidt, Berlin 2002.

Der Talmud, übersetzt von Jakob Fromer, Köln 2013 (Auswahl).

Die Mischna: Das grundlegende enzyklopädische Regelwerk rabbinischer Tradition, übersetzt von Dietrich Correns, Wiesbaden 2005.

Christentum

Bahr, Ann Marie: Christentum: 2000 Jahre Kulturgeschichte, Potsdam 2010.
Moeller, Bernd: Geschichte des Christentums, Stuttgart [10]2011.
Nowak, Kurt: Das Christentum. Geschichte, Glaube, Ethik, München [5]2009.
Peters, Ulrike: Kirchengeschichte, Köln 2008.
Gutschera, Herbert/Maier, Joachim/Thierfelder, Jörg: Geschichte der Kirchen. Ein ökumenisches Sachbuch, Freiburg, Basel, Wien [2]2006.
Sierszyn, Armin: 2000 Jahre Kirchengeschichte, Gütersloh 2012.

Quellentexte

Apokryphen zum Alten und Neuen Testament, hg. Von Alfred Schindler, München 1988.
Die Bibel. Einheitsübersetzung. Altes und Neues Testament, Freiburg, Basel, Wien [14]1999.
Die Bibel nach der Übersetzung von Luther. Standardausgabe mit den Apokryphen, Stuttgart 1985.
Christliche Geisteswelt, Bd. 1: Die Väter der Kirche/Bd. 2: Die Welt der Mystik, hg. von Walter Tritsch, Hanau 1986.
Christliche Mystik. Texte aus zwei Jahrtausenden, hg. von Gerhard Ruhbach und Josef Sudbrack, München 1989.

Islam

Amirpur, Katajun/Ammann, Ludwig (Hg.): Der Islam am Wendepunkt. Liberale und konservative Reformer einer Weltreligion, Freiburg, Basel, Wien [2]2006.
Bobzin, Hartmut: Einführung in den Koran, München [7]2007.
Esposito, John L.: Vom Kopftuch bis Scharia. Was man über den Islam wissen sollte, Leipzig [5]2009.
Halm, Heinz: Der Islam. Geschichte und Gegenwart, [8]2011.
Krämer, Gudrun: Demokratie im Islam, Der Kampf für Toleranz und Freiheit in der arabischen Welt, Bonn 2011.
Schulze, Reinhard: Geschichte der islamischen Welt im 20. Jh., München 2003.
Spuler-Stegemann, Ursula: Die 101 wichtigsten Fragen. Islam, München 2007.

Quellentexte

Der Koran, übersetzt von Hartmut Bobzin, München 2012.

Hinduismus

Knott, Kim: Der Hinduismus. Eine kurze Einführung, Stuttgart 2009.
Eichner, Katja/Schied, Michael: Hinduismus. Eine nicht organisierte Religion. Analysen und Kontroversen (Reihe Kulturen Asiens 1), Berlin 2007.
Malinar, Angelika: Hinduismus (Studium Religion), Heidelberg 2009.
Michaels, Axel: Der Hinduismus. Geschichte und Gegenwart, München [2]2012.

Reifenrath, Gabriele: „I'm a Hindu and I'm a Swaminarayan". Religion und Identität in der Diaspora am Beispiel von Swaminarayan-Frauen in Großbritannien (Religionswissenschaft 17), Frankfurt a.M., Berlin, Bern u. a. 2010.
Stietencron, Heinrich von: Der Hinduismus, München ^{3}2010.

Quellentexte

Malinar, Angelika: Reader Hinduismus (Studium Religion), Heidelberg 2009.
Indische Geisteswelt. Eine Auswahl von Texten in deutscher Übersetzung, eingeleitet und hg. von Helmuth von Glasenapp, Bd. 1: Glaube und Weisheit der Hindus, Wiesbaden o. J. (1958).
Bhagavad Gita: Der Gesang des Erhabenen, hg./übersetzt von Michael von Brück, Frankfurt a. M. ^{2}2007.
Hindu-Mythen: Die wichtigsten Klassischen Texte, hg., von Wendy Doniger O'Flaherty, übersetzt von Nikolaus de Palézieux, Darmstadt 2009.
Die Upanishaden, eingeleitet und übersetzt von Eknath Easwaran, München 2008.

Buddhismus

Bechert, Heinz/Gombrich, Richard: Der Buddhismus. Geschichte und Gegenwart, München ^{11}2008.
Brück, Michael von: Einführung in den Buddhismus, Berlin ^{3}2007.
Buswell, Robert E. (Hg.): Encyclopedia of Buddhismus, New York 2004.
Freiberger, Oliver/Kleine, Christoph: Buddhismus. Handbuch und historische Einführung, Göttingen 2010.
Michaels, Axel: Buddha. Leben, Lehre, Legende, München 2011.
Schmidt-Glintzer, Helwig: Der Buddhismus, München ^{2}2007.

Quellentexte

Buddhistische Geisteswelt. Vom historischen Buddha zum Lamaismus, hg. von Gustav Mensching, Wiesbaden o. J. (1960).
Lotus-Sutra. Das große Erleuchtungsbuch des Buddhismus, übersetzt von Margarete von Borsiy, Freiburg 2009.
Die Reden des Buddha, hg. von Helwig Schmidt-Glintzer, München ^{3}2007.
Die vier edlen Wahrheiten: Texte des ursprünglichen Buddhismus, hg. von Klaus Mylius, Stuttgart 1998.

Quellen zur Statistik der Weltreligionen:

www.adherents.com (2005) und Pew Research Center´s Forum on Religion and Public Life (2009)

Abkürzungen

arab.	arabisch
chin.	chinesisch
griech.	Griechisch
hebr.	Hebräisch
lat.	lateinisch
mongol.	mongolisch
Skt.	Sanskrit
tibet.	tibetisch

Sachregister

R

S

T

U

V

W

Y

Z

Personenregister

S

T

U

V

Z

Bildnachweis

Abb. S. 8, 27, 45, 48, 50, 52, 70, 83, 84, 88, 108: Ulrike Peters;
Abb. S. 94: akg-images/A.F.Kersting;
Abb. S. 30: akg / Bildarchiv Monheim;
Abb. S. 112, 161: akg / Bildarchiv Steffens;
Abb. S. 12, 19, 35, 60, 63, 65, 76, 127, 150, 155, 171, 173: akg-images;
Abb. S. 55: akg-images / André Held;
Abb. S. 96: akg-images / AP;
Abb. S. 175: akg-images / Archiv Peter Rühe / Copyright: GandhiServe;
Abb. S. 37: akg-images / Bible Land Pictures / Jerusalem Photo by: Z.Radovan;
Abb. S. 78: akg-images / Bildarchiv Monheim / Jochen Helle / www.bildarchiv-monheim.de;
Abb. S. 33: akg-images / Bildarchiv Monheim / Paul M.R. Maeyaert;
Abb. S. 81: akg-images / Cameraphoto;
Abb. S. 169, 180: akg-images / ddrbildarchiv.de;
Abb. S. 115: akg-images / De Agostini Picture Lib;
Abb. S. 136: akg-images / De Agostini Picture Lib. / G. Nimatallah;
Abb. S. 158: akg-images / De Agostini Picture Lib. / M. Leigheb;
Abb. S. 23, 103, 177: akg-images / Erich Lessing;
Abb. S. 46, 58: akg-images / Florian Profitlich;
Abb. S. 138: akg-images / François Guénet;
Abb. S. 93: akg-images / Gerard Degeorge;
Abb. S. 15: akg-images / Heiner Heine;
Abb. S. 56: akg-images / Hilbich;
Abb. S. 114: akg-images / Horizons;
Abb. S. 40: akg-images / Israel Talby;
Abb. S. 104, 124, 135, 137, 156: akg-images / Jean-Louis Nou;
Abb. S. 139: akg-images / Jürgen Sorges;
Abb. S. 17: akg-images / Mondadori Portfolio / Alberto Roveri;
Abb. S. 82: akg-images / Mondadori Portfolio / Bruno Balestrin;
Abb. S. 74: akg-images / MPortfolio / Electa;
Abb. S. 152: akg-images / Robert O'Dea;
Abb. S. 10, 32, 72: akg-images / Schütze / Rodemann;
Abb. S. 68: akg-images / Tristan Lafranchis;
Abb. S. 118, 130: akg-images / Urs Schweitzer;
Abb. S. 163: akg-images/picture alliance/ANN;
Abb. S. 148: akg-images/picture alliance/Dinodia Photo;
Abb. S. 157: akg-images/picture alliance/Godong;
Abb. S. 111: akg-images/picture-alliance/Warren Clarke;
Abb. S. 165: IAM / akg-images;
Abb. S. 47: Manuel Bidermanas / akg-images;
Abb. S. 20, 29: Manuel Cohen / akg-images;
Abb. S. 87, 101, 121, 126, 132, 134, 141, 143: Roland and Sabrina Michaud / akg-images.

Verlag und Autorin danken dem Dumont Verlag für die Genehmigung, Auszüge aus dem Band „Kirchengeschichte – Ein Schnellkurs" für diese Publikation verwenden zu dürfen.

Bibliografische Information der Deutschen Nationalbibliothek
Die Deutsche Nationalbibliothek verzeichnet diese Publikation in der Deutschen Nationalbibliografie; detaillierte bibliografische Daten sind im Internet über http://dnb.d-nb.de abrufbar.

Der Konrad Theiss Verlag ist ein Imprint der WBG

Die Herausgabe des Werkes wurde durch die Vereinsmitglieder der WBG ermöglicht.

Satz: primustype Hurler GmbH, Notzingen

Einbandabbildung: Creed © MaleWitch – istockphoto.com
Face of Christ © sandramo – istockphoto.com
Tibetan nun © btrenkel – istockphoto.com
Hanukkah menorah © HelpingHandPhotos – istockphoto.com
Lord Siva © sivarock – istockphoto.com

Einbandgestaltung: Stefan Schmid Design, Stuttgart

Lektorat: Julia Lauer

Kartografie und Zeittafel: Peter Balm, Berlin

Gedruckt auf säurefreiem und alterungsbeständigem Papier

Printed in Germany

Besuchen Sie uns im Internet: www.wbg-wissenverbindet.de

ISBN 978-3-8062-2639-3